KEMPTEN
Eine faszinierende Geschichte

Joachim Weigel / Ralf Lienert

KEMPTEN
Eine faszinierende
Geschichte

Verlag Tobias Dannheimer Kempten

„Kempten - Eine faszinierende Geschichte" ist eine mehrfach bearbeitete, erweiterte und auf den neuesten Stand gebrachte Fassung des Textes aus dem Bildband „Kempten. Bilder und Geschichte der lebendigen Stadt" von 1994 aus dem Verlag Tobias Dannheimer Kempten. Für die 3. Auflage 2015 hat Ralf Lienert den Text durchgesehen und ergänzt.

Umschlaggestaltung von Margot Ziegler unter Verwendung von zwei Lithographien: St. Lorenz und St. Mang (bei Tobias Dannheimer um 1840)

Bibliographische Information der
Deutschen Nationalbibliothek

Die Deutsche Bibliothek verzeichnet diese Publikation in der Deutschen Nationalbibliographie;
Detaillierte bibliographische Daten sind im Internet über <http://dnb.d-nb.de> abrufbar.

© 2015 Verlag Tobias Dannheimer GmbH Kempten
ISBN 978-3-88881-031-2
3. erweiterte Auflage
Mit 77 Abbildungen, davon 54 in Farbe
Alle Rechte vorbehalten
www.edele.de

Herstellung: AZ Druck und Datentechnik GmbH, Kempten

Gedruckt auf chlorfrei gebleichtem Papier

Die Einschrumpffolie (zum Schutz vor Verschmutzung) ist aus umweltschonender und recyclingfähiger PE-Folie.

Inhalt

Kempten - Eine faszinierende Geschichte	9

I. Die Anfänge Kemptens
Strabos Herausforderung	12

II. Kempten in der römischen Zeit
Die Römer kommen	15
Die versunkene Stadt	17
Tempel, Toga, Tunika	20
Vom Militärposten zum „Oberzentrum"	23
Durchbruch der Alamannen	26
Die ersten Christen	29

III. Kloster und Stadt Kempten im Mittelalter
Keimzelle der Abtei	30
„Volksheilige" Hildegard	33
„Nationalheld" Heinrich	36
Vom Abt zum Reichsfürsten	39
Ein Marktflecken wird Handelsstadt	42
Dreißigjährige „Ewigkeit"	46
Wo sind sie geblieben?	49
Der Wein war schuld	53
An der Schwelle zur Neuzeit	55

IV. Reichsstadt und Fürststift Kempten in der frühen Neuzeit
Mit dem Bauernkrieg schlägt die große Stunde der Reichsstadt	61
Zwingli oder Luther?	67

Handel, Wandel, üble Sitten	72
Der Schwarze Tod	76
Schlechtes Geld und teure Soldaten	78
Das Allgäu wird zur Hölle	81
Ein umstrittener Fürstabt	86
Tausende verlassen die Dörfer	91
Vierhundert Bettler an einem Tag	93
Prinz Eugen war schuld	96
Die Lebensfreude bleibt	98
Der Gründer der Stiftsstadt	102
Nach Slawonien verbannt	106
Grundbücher fürs Fürststift	108
Klingendes Kempten	110
Ein düsteres Kapitel	113

V. Kempten im langen 19. Jahrhundert

Die Franzosen kommen	117
Wir sind also bairisch…	121
Zweihundert gefallene Vorarlberger	125
Neun Jahre Hauptstadt	128
Feindliche Brüder zwangsweise vereint	130
Nach ruhigen Jahren Sturm 1848	135
Mit Frack und Zylinder	140
Zentrum der Milchwirtschaft	144

VI. Kempten in Zeitgeschichte und Gegenwart

Auf dem Weg zur Metropole	147
Krieg und Revolution	153
Jahre des Aufbaus	158
„Braune" Zeit	162
Bomben auf Kempten	166

Ein Neubeginn	169
Schaufenster des Allgäus	173
„Gründerjahre"	177
Vier Chancen	182
1972: Das größere Kempten mit Sankt Mang und Sankt Lorenz	184
Jetzt Hochschulstadt	191
Freundschaft über Grenzen	195
Verkehrsprobleme im Vordergrund	197
„Allgäu-Forum" und „bigBox"	201
Wirtschaftsflaute und neuer Aufschwung	203
Hier lässt sich's leben	206
Umwelt groß geschrieben	210
Kemptener Knochentheorie	213
Strategische Ziele	216
Iller erleben	218
Kemptens neunte Illerbrücke	220
Wohnen in der Innenstadt	222
„Bürgerfleiß und Fürstenglanz"	226
Literaturverzeichnis	228
Bildnachweis	230
Zeittafel	231

Joachim Weigels Text wurde von Ralf Lienert um die Kapitel auf den Seiten 213 bis einschließlich 225 erweitert. Das letzte Kapitel „Bürgerfleiß und Fürstenglanz" stammt wieder von Joachim Weigel.

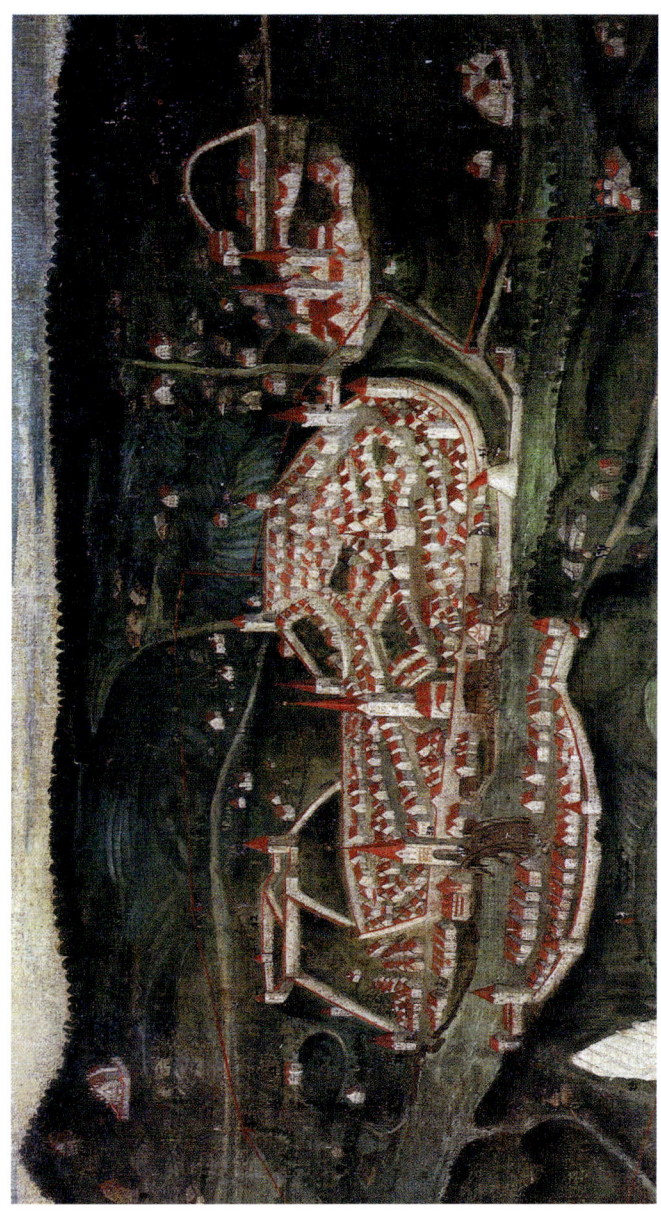

Älteste gemalte Ansicht der Stadt und der Abtei Kempten
von Heinrich Beusch 1599, im Stadtarchiv Kempten.

Kempten
Eine faszinierende Geschichte

Kempten wird in Büchern und Broschüren gern als noble und regsame, als schöne und liebenswerte Stadt gewürdigt. Das ist sie zweifellos. Aber Gleiches lässt sich sehr wohl auch über manch andere Stadt sagen. Und ob es sich bei der größten Stadt des Allgäus tatsächlich zugleich um die älteste ganz Deutschlands handelt, wird zwar behauptet, ist auch nicht widerlegt, aber (noch) nicht bewiesen. Was also macht das Besondere, das Faszinierende an Kempten aus?

Vielleicht ist es der Umstand, dass sich hier Glanz und Elend, Irrungen und Wirrungen deutscher Geschichte in einem engen, überschaubaren Rahmen spiegeln wie wohl kaum andernorts. Keltisch sind die Ursprünge. Jahrhunderte hindurch blüht dann eine wunderschöne römische Stadt. Die Antike zerbricht in der Völkerwanderung mit der Landnahme durch die Alamannen. Sagenumwoben, bildet sich eine zunächst unscheinbare Missionszelle und erhebt sich allmählich zum angesehenen Fürststift. Auf dem Grund und Boden der Abtei wächst wiederum eine kleine Siedlung bis zur freien Reichsstadt. Spannungsreich ist das Mit-, Neben- und Gegeneinander der beiden nur vom Kaiser abhängigen, im übrigen souveränen Kleinstaaten, des katholischen Stifts und der, später evangelischen, Stadt. Auf grauenhafte Weise konzentrieren sich hier die Schrecken der Pest und des Dreißigjährigen Krieges.

Es ist eine Geschichte, die von Untergang und Aufstieg, Reichtum und Armut zeugt, von Hass und Liebe, von Feindschaft unterschiedlicher Konfessionen, aber auch von einem - wir würden heute sagen - fast „multikulturellen" Miteinander.

Welch ein Weg durch die Jahrhunderte, bis im Mai 1971 der katholische Prälat erstmals in der evangelischen St. Mang-Kirche predigt und bis im Jahr darauf in der katholischen Pfarrkirche St. Lorenz ein ökumenischer Gottesdienst mit den Dekanen beider Konfessionen stattfinden kann!

Lässt sich eine Stadt denken, die in ähnlicher Weise große Geschichte wie in einem Brennglas bündelt? Geradezu gleichnishaft mutet Kemptens Historie an; dies zeigt auch das heutige Erscheinungsbild. Historisches ist da; und weil es nicht allzu viel ist, da erhebliches geschichtliches Erbe vertan wurde, ist etliches rekonstruiert. Bis hin zu zwei Stadttoren, die nun etwas unvermittelt nicht auf, sondern neben den Straßen stehen. Die beiden Tore sind umstritten. Immerhin zeugen sie von einem neu gewonnenen geschichtlichen Bewusstsein der Bürger.

Moderne Bauten zeigen den jüngsten Aufstieg der Stadt zum Handels- und Schulzentrum an. Die Gebietsreform 1972 hat die Verlagerung großer Gewerbe- und Industriebetriebe an den Stadtrand ermöglicht.

Der Besucher aber ist immer wieder überrascht, dass jene zwei Zentren ihre Bedeutung bewahrt haben, die den Angelpunkt Kemptener Geschichte ausmachen: Der Kern der einstigen evangelischen Reichsstadt mit der altehrwürdigen St. Mang-Kirche, dem historischen Rathaus als Brennpunkt kommunaler Politik und mit einigen schönen Patrizierhäusern; nur wenige hundert Meter entfernt aber die Mitte des einstigen Fürststifts mit der eindrucksvollen Residenz, dem Hofgarten und der Orangerie, mit der päpstlichen Basilika St. Lorenz, dem Kornhaus und dem Marstall mit seinen Museen.

Das Waisentor, in dem sich auch das Katharinenloch für Schwerverbrecher befand; Postkarte von 1865.

Die Anfänge Kemptens

Strabos Herausforderung

Etwa anno 16 vor der Zeitenwende gründete Roms Kaiser Augustus die Stadt Augusta Treverorum, das heutige Trier, das sich deshalb älteste Stadt Deutschlands nennt. Und um das Jahr 18 nach Christi Geburt erwähnt der griechische Geograph Strabo „Kambódounon", das heutige Kempten, als Stadt der Estionen, eines Stammes der keltischen Vindeliker. Es ist dies, und hier ist Kempten Trier voraus, die erste urkundliche Erwähnung einer Stadt auf deutschem Boden überhaupt. Kempten bezeichnet sich deshalb gleichfalls als älteste Stadt Deutschlands. „Da dieser Behauptung von keiner berufenen Seite widersprochen wurde, besteht kein Grund, an ihrer Richtigkeit zu zweifeln", stellt Josef Rottenkolber 1954 fest. Ja, Alfred Weitnauer meinte um 1950, dass Kempten insgesamt schon fast dreitausend Jahre auf dem Buckel habe!

Menschen hat es im Raum Kempten freilich längst gegeben. Auch einige Gewässernamen, Iller und Argen zum Beispiel, erinnern an keltische oder sogar noch frühere, illyrische Bewohner. Älteste Menschenspuren im Allgäu weisen auf eine Zeit vor über 11.000 Jahren hin, eine einstige Siedlungsstelle, die man um 1980 bei Pfronten entdeckte, oder, vermutlich noch älter, ein Doppelstichel vom Nordufer des Forggensees. 1995 fand ein Spaziergänger an einem Bach am nördlichen Kemptener Stadtrand einen rund 3.500 Jahre alten Bronzeschmuck. Stadtarchäologe Dr. Gerhard Weber schloss denn auch eine Besiedlung lange vor dem Auftreten von Kelten und Römern keineswegs aus. Und 1999 erregte dann ein neuer Fund

> καὶ οἱ Ἑστίωνες δὲ τῶν Οὐινδολικῶν εἰσὶ καὶ Βρι-
> γάντιοι, καὶ πόλεις αὐτῶν Βριγάντιον καὶ Καμβόδουνον
> καὶ ἡ τῶν Λικαττίων ὥςπερ ἀκρόπολις Δαμασία.
>
> ÜBERSETZUNG:
> "AUCH DIE ESTIONEN GEHÖREN ZU DEN VINDELIKERN, EBENSO DIE BRIGAN-
> TIER; UND IHRE STÄDTE SIND BRIGANTION UND KAMBODOUNON UND DER
> ORT DER LIKATTIER, GLEICH EINER AKROPOLIS, HEISST DAMASIA".

Kempten besitzt durch den altgriechischen Geograph Strabon (63 v. Chr - 23 n. Chr.) das älteste schriftliche Zeugnis einer Stadt in Deutschland.

Aufsehen: Archäologen entdeckten bei Grabungen auf dem Lindenberg Spuren einer Besiedlung sogar schon aus dem 12. oder 13. Jahrhundert vor Christus! Vielleicht handelte es sich hier um ein größeres Gehöft, vielleicht sogar um ein kleines Dorf. Im Kemptener Bereich wurden oberhalb des rechten Illerufers einige Geräte aus der Steinzeit und Bronzezeit geborgen.

Es ist zwar denkbar, dass das keltische Kambódounon bereits lange vor der Zeitenwende bestand, aber der letzte, der archäologische Nachweis einer solchen größeren Anlage steht noch aus. Dass Kambódounon erst von den Römern gegründet wurde und wegen der hier angesiedelten, besiegten keltischen Bevölkerung auch einen keltischen Namen erhielt, ist immerhin gleichfalls möglich. Und die Römer kamen bekanntlich anno 15 vor Christi Geburt.

Strabos Mitteilung lässt sich denn wohl als eine „Herausforderung" bezeichnen, dem vorgeschichtlichen Kempten besondere Aufmerksamkeit zu schenken, wie Dr. Gerhard Weber 1989 formuliert hat. Immerhin wurden im heutigen Cambodunum-Park 1996 drei historische Öfen aufgedeckt, die auf eine frühe Metallverarbeitung, vielleicht zur Urnen- oder Bronzezeit (die Urnenzeit beschreibt die Urnenfelderkultur von ca. 1300-800 v. Chr. und entspricht der späten Bronzezeit), schließen lassen – möglicherweise, so Dr. Weber, ein Indiz für eine vorrömische Besiedlung.

Früher wurde das keltische Wort „Kambódounon" als „Burg des Cambo" gedeutet; heute (so Richard Dertsch 1966) ist man sich ziemlich sicher, dass es „Burg an der Krümmung" oder „... auf der Halbinsel" heißen müsste. Dies wiederum lässt an den Bereich der Burghalde denken, die einst von zwei Illerarmen umflossen war. Beim Bau der Freilichtbühne 1950 allerdings fand man hier keinerlei Spuren. Alfred Weitnauer glaubte, dass sich die Keltenstadt nördlich der Keckkapelle befunden haben müsse. 1983 brachte jedoch eine archäologische Untersuchung auf dem Geländerücken „Im Seggers" keine Aufklärung. Die Herausforderung bleibt...

Ausschnitt aus der Tabula Peutingeriana, dem einzigen überlieferten Kartenwerk aus römischer Zeit mit letzten Einträgen vor der Mitte des 3. Jhdt. n. Chr.

Kempten in der römischen Zeit

Die Römer kommen

Rätseln wir über den genauen Standort der keltischen Stadt Kambódounon, so ist uns doch einiges über den Untergang der Estionen bekannt. Um die gleiche Zeit, als Trier an der Mosel gegründet wurde, eroberten die Stiefsöhne des Kaisers Augustus, Drusus und Tiberius, mit ihren Legionen das von Rätern und Kelten bewohnte Voralpenland zwischen Alpen und Donau. Sie benötigten dazu nur einen Sommer.

Drusus marschierte vom Etschtal aus über Reschen- und Fernpaß heran und unterwarf die Räter, während der vom Bodensee her vorstoßende Tiberius das Allgäu besetzte. Wie dies geschah, darüber gibt es unterschiedliche Meinungen. F. L. Baumann schreibt in seiner „Geschichte des Allgäus" (1883), dass keine Feldschlacht stattfand und die Vindeliker „getrennt den römischen Waffen erlagen". Laut A. Weitnauer spricht jedoch einiges dafür, dass eine Entscheidungsschlacht am 1. August des Jahres 15 vor Christi Geburt bei Damasia geschlagen wurde. (Wo sich die Keltenfestung Damasia befand, ist ungewiss; nach neuerer Erkenntnis jedenfalls nicht am Auerberg). Die Vindeliker, mit ihnen die Estionen, hätten sich verzweifelt gewehrt. Erschütternd der Bericht von Johann Baptist Haggenmüller (1840): „Selbst die Weiber mischten sich in den Kampf, zerschmetterten, als es an Geschossen gebrach, die Kinder am Boden und schleuderten sie den Feinden ins Gesicht." Und dann weiter: „Gleich wie die anderen Städte Vindeliciens musste Cambodunum unter das fremde Joch sich beugen; die Sage bezeichnet das Bleicher-Ösch bei Lenzfried als die Stelle, wo die alte Stadt der Estioner gestanden." Als eine weitere Stadt gründeten die Römer Augusta Vindelicorum, das heutige Augsburg.

Der keltischen Bevölkerung im Allgäu aber erging es zunächst schlecht. Tausende wurden als Gefangene verschleppt und versklavt, die jungen Männer presste man zum Kriegsdienst in die Legionen, und wer blieb, hatte hohe Steuern zu entrichten.

Weit über vierhundert Jahre hindurch sollte die Stadt Cambodunum und mit ihr das Allgäu römisch bleiben. Eine Zeitspanne, die demnach etwa so lange währte wie unsere gesamte Neuzeit seit der Entdeckung Amerikas. Welche Spuren finden sich noch aus dieser Epoche?

In den Gallorömischen Tempelbezirk brachten vor rund 2.000 Jahren Kelten (Galli), Germanen und Römer ihre Religionen mit.

Die versunkene Stadt

Im Gegensatz zu Trier weist das Stadtbild Kemptens auf den ersten Blick keineswegs mehr darauf hin, dass sich hier einmal eine blühende Römerstadt befunden hat, mit allem, was dazu gehört: Forum, Basilika, Friedhof, Thermen und Tempeln. Schier unglaublich, dass eine so lange Ära, vom Jahre 15 vor Christi Geburt bis nach dem Jahre 400, keine steinernen Zeugen hinterlassen haben sollte!

Dem Kemptener Kaufmann August Ullrich (er starb 1928) ist es zu danken, dass die Erinnerung an jene Epoche wieder wachgerufen wurde. Anno 1879 hatte er eine Geschäftsreise nach Bregenz unternommen und dort zum ersten Mal Ausgrabungen römischer Bauten miterlebt. Da „zündete" es bei ihm: „Die sagenhaften Ausführungen der Kemptner Chroniken von einer römischen Stadt auf dem Lindenberg erweckten in mir den Wunsch, in gleicher Weise wie in Bregenz auch in Kempten die römische Stadt durch Grabungen festzustellen..." Er richtete sein Augenmerk zunächst auf Erdaushub, der bei Kanalbauarbeiten anfiel. Dann veröffentlichte er einen Aufruf, einen Altertumsverein zu gründen. Etwa zwanzig Meldungen gingen ein. Am 9. Mai 1884 fand unter dem Vorsitz von Kemptens Bürgermeister Adolf Horchler die Vereinsgründung statt. Das war gleichsam der Auftakt zur Wiederentdeckung und teilweisen „Auferstehung" des römischen Cambodunum.

„Im September 1885", so schreibt Ullrich weiter, „konnten wir, Herr Stabsauditeur Sand und ich, die ersten Grabungsversuche machen, die sofort zu einem Erfolg, d.h. zur Auffindung einer römischen Mauer führten..." Es war eine Mauer im Bereich des Forums! Die Mittel, die der Verein zur Verfügung stellen konnte, waren freilich gering. Man lieh die Werkzeuge aus, dienstfreie Soldaten der Garnison packten mit an; und obwohl diese ersten Grabungen noch ohne wissenschaftliche Systematik erfolgten, erregten sie alsbald Aufsehen. Ein Hauptmann a.D. Hugo Arnold und vor allem Gymnasialprofessor Ohlenschlager aus München gaben wertvolle Hinweise, berichtet Ullrich. Wenig später besuchten namhafte Fachleute aus München, Stuttgart und Bregenz die Stätte auf dem Lindenberg.

Rund hundert Jahre lang, wenngleich mit Unterbrechungen, wurde gegraben, vermessen, dokumentiert. Nach August Ullrich sind vor allem Paul Reinicke, Ludwig Ohlenroth, Werner Krämer, Wilhelm Hübener und Günther Krahe zu nennen. Etwa vierzig Tonnen vielfältiger Funde wurden geborgen. Das versunkene Cambodunum wurde in seiner Struktur plastisch: eine typische Provinzstadt nach italischem Muster (vgl. Italiker = verschiedene antike Völker und Stämme in Italien), die zunächst vermutlich Hauptort der römischen Provinz Rätien war; eine Funktion, die später Augsburg übertragen wurde.

Allerdings wurden die ausgegrabenen Gebäudereste jeweils wieder zugeschüttet, so dass dem ahnungslosen Besucher schon nach wenigen Jahren nichts mehr auffiel. Erneut wuchs Gras über den Mauerstümpfen. Manchmal jedoch, wenn eine längere Trockenperiode herrschte, verdorrte dieses Gras unmittelbar über den nur wenige Zentimeter unter der Erdoberfläche endenden originalen Mauerzeilen. Dann traten, so beispielsweise im Herbst 1971, in mattem Braun die Umrisse der römischen Basilika hervor.

1982 wurde die Archäologische Abteilung der Stadt Kempten^{Allgäu} unter Leitung von Dr. Gerhard Weber gegründet. Seither gilt es nicht nur, durch neuerliche gezielte Untersuchungen weitere Erkenntnisse zu gewinnen, sondern das Freigelegte wenigstens teilweise zu konservieren, zu ergänzen und der Öffentlichkeit zugänglich zu machen. Erfolge dieser Arbeit wurden insbesondere beim Deutschen Archäologen-Kongreß 1995 in Kempten deutlich, an dem fast 700 Wissenschaftler des In- und Auslandes teilnahmen.

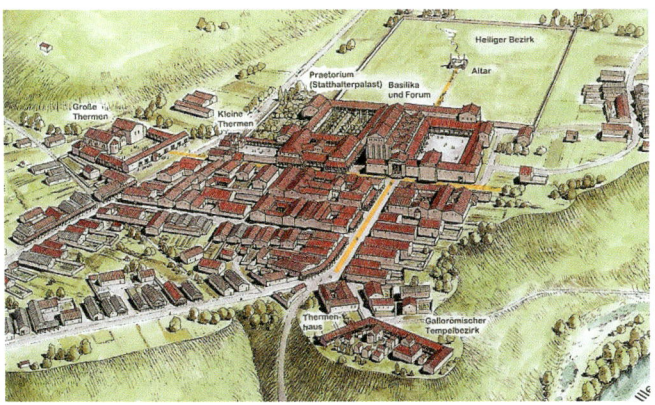

Grundriss der Siedlung auf dem Lindenberg.

Luftaufnahme Gallorömischer Tempelbezirk.

Tempel, Toga, Tunika...

An schönen Sommerabenden scheint es heutzutage droben auf dem Lindenberg zu spuken. Waschechte Römerinnen und Römer in Tunika, Toga und Stola schreiten durch antike Tempelanlagen. Weiheopfer werden dargebracht. Fackeln beleuchten die Szene, und eine seltsame Musik erklingt...

Der Archäologische Park Cambodunum, dessen erster Abschnitt, der gallorömische Tempelbezirk, im Oktober 1987 eröffnet wurde, ist jetzt immer wieder Stätte bemerkenswerter Darbietungen. Da vermittelt ein Weihespiel einen unmittelbaren Eindruck von Götterverehrung zur Römerzeit; da geht das Drama „Caligula" von Albert Camus über die Bühne. Auch ist von einem „Reigen des Florus" die Rede. In der Tat hat ein Mann namens Florus, dessen Vater der Kelte Dullavius gewesen war, im zweiten Jahrhundert nach der Zeitenwende in diesem Tempelbezirk einen Weihestein für die gallorömische Pferdegöttin Epona gestiftet; der Stein mit seiner Inschrift zählt zu den interessantesten Funden. Ein weiterer hier ausgegrabener Altar galt der Verehrung des Gottes Herkules. Taten dieses antiken Helden sind heute gleichfalls Aufführungen gewidmet, wieder mit einem Weihespiel zu den Klängen rekonstruierter antiker Musik.

Die Betrachter können nachempfinden, wie es hier im alten Cambodunum zugegangen sein muss; wie Bewohner keltischer Abstammung oder römische Soldaten und Kaufleute ihre Göttinnen und Götter verehrten und ihnen Weihgaben darbrachten.

Zu den Funden, die von der Götterverehrung in Cambodunum künden, zählt übrigens auch eine 12,6 Zentimeter hohe Bronzebüste des Merkur, des Römergottes der Reisenden, Händler und Diebe. Die Figur diente ursprünglich als Gewicht für eine Waage. Es handelt sich um eine italische Arbeit aus dem ersten Jahrhundert n.Chr.

Die Archäologische Abteilung und die Stadträte Kemptens haben es sich mit der Teilrekonstruktion dieses Bezirks im Norden der einstigen Römerstadt nicht leicht gemacht. Zahlreiche Wissenschaftler aus nah und fern diskutierten über Möglichkeiten, Geschichte gleichsam zu konservieren. Man reise zu anderen Ausgrabungsstätten und rekonstruierten Anlagen, von Kaiseraugst bis Xanten, informierte sich gewissenhaft; ausschließlich auf den vorhandenen, freigelegten Grundmauern wurden die Tempelchen erneuert. Hierfür verwendeten die Archäologen antike Vorbilder u.a. aus Pompeji und Spanien. Der ganze Bezirk wurde mit einer gleichfalls dem Original nachempfundenen Doppelhalle umgeben, die heute als Ausstellungsraum dient.

Der Archäologische Park wurde bereits in den ersten zwölf Monaten seines Bestehens von fast 30.000 Menschen besucht!

Im Juni 1995 war ein weiterer Abschnitt des Parks verwirklicht: Die Reste römischer Badeanlagen, die sogenannten „Kleinen Thermen", waren freigelegt und mit einem Schutz- und Ausstellungsbau überdacht. Zur festlichen Eröffnung fanden Wettkämpfe und Spiele wie im alten Rom statt. Die Thermen aber sind seither – neben dem Tempelbezirk – Stätte zahlreicher kultureller Veranstaltungen. Und im weiteren Parkgelände treten inzwischen auch Konturen des ursprünglichen Forums hervor. Grundmauern der römischen Basilika wurden zum Teil aufgemauert, weitere antike Gebäude wenigstens andeutungsweise sichtbar gemacht.

Kemptener Geschichte, von der keine zeitgenössische Chronik, kaum eine antike Urkunde berichtet, wird so dank der archäologischen Befunde dem historisch interessierten Bürger und dem Besucher der Stadt in faszinierender Weise bewusst. Hierher gehört ebenso das „Römische Museum" im Zumsteinhaus am Residenzplatz mit Karten, Plänen, Modellen und Fundstücken, die insbesondere über die bedeutenden Handelsbeziehungen der antiken Stadt informieren.

Merkur

Vom Militärposten zum „Oberzentrum"

Die Funde der Archäologen lassen Entwicklung und Gesicht Cambodunums immer klarer hervortreten und verdeutlichen auch die geschichtliche Entwicklung bis zu den Alamannen-Einfällen.

Die dezimierte keltische Bevölkerung dürfte nach den Schrecken der Eroberung allmählich Sprache und Lebensstil der Römer übernommen haben. Bestattungsbräuche wurden angepasst, Römergötter integriert. Dabei gehörte es zur Politik der Besatzungsmacht, fremde Sitten weitmöglichst zu respektieren. Den Estionen boten sich gewiss auch etliche Vorteile. Sie konnten verstärkt Handel treiben und sie erhielten die Möglichkeit, beispielsweise Straßen und Badeanlagen der Eroberer mit zu benutzen. Diese Entwicklung wurde in Kempten 1990 bei einem Kolloquium zum Thema „Aspekte der Romanisierung in den Provinzen" deutlich gemacht.

Unmittelbar nach der Eroberung, also anno 15 vor Christi Geburt, befand sich vermutlich auf der Burghalde zunächst nur ein kleinerer Militärposten; das Land war wohl sehr dünn besiedelt. Doch bald wuchs die eigentliche Stadt über dem Ostufer der Iller. Ein Marmorbruchstück mit einer Inschrift für Lucius Caesar, Adoptivsohn des Kaisers Augustus, belegt, dass die Römerstadt um das Jahr 2 vor Christi Geburt gegründet wurde. Bereits nach wenigen Jahrzehnten bestand eine blühende Siedlung, freilich fast durchweg aus Holzbauten, denen die Kemptener Archäologie seit einigen Jahren besondere Aufmerksamkeit widmet. Auch ein Gräberfeld auf der heutigen Keckwiese gehörte dazu.

Nach dem Tode des Kaisers Nero (68 n.Chr.) und der Ermordung seines Nachfolgers Galba waren im

Römerreich schwere Unruhen ausgebrochen, die sich offenbar auch auf Cambodunum auswirkten: Brandspuren und Zerstörungen aus jener Zeit scheinen mit diesen Wirren im Zusammenhang zu stehen. Dann aber entstand die steinerne Stadt, die in ihren besten Jahren an die 3.000 Einwohner gezählt haben mochte.

Stadtarchäologe Dr. Gerhard Weber: Vermutlich war Cambodunum eine Art „Oberzentrum". Man nimmt an, dass die gesamte Provinz Rätien anfangs von hier aus verwaltet wurde.

Cambodunum auf dem Lindenberg mit umfangreichen Wohnquartieren (leider nach dem Zweiten Weltkrieg zum großen Teil überbaut), einem rechtwinkligen Straßennetz, mit Tavernen, Handwerksbetrieben und Läden, mit Forum, Verwaltungs- und Gerichtsgebäude (Curia und Basilica) dürfte eine Fläche von fast 30 Hektar eingenommen haben. Da gab es die „Großen Thermen" mit über 4.000 Quadratmetern und nahe dem Forum die nun freigelegten „Kleine Thermen"-Anlage, die bereits einen raffinierten Luxus mit Kalt-, Lau- und Heißwasserbädern boten. Eine besonders breite Straße führte nach Norden zu dem genannten gallorömischen Tempelbezirk. Die Wohnhäuser, teils mit Fußboden-Heizung ausgestattet und mit farbig bemaltem Wandverputz, hatten zu den Straßen hin Portiken; die Gehsteige waren also, im regenreichen Allgäu sicher angenehm, weitgehend überdacht.

Die Bedeutung Cambodunums wird nicht nur aus der strategisch recht günstigen Lage über dem Hochufer der Iller offenkundig, sondern auch daraus, dass es sich um einen Straßenknotenpunkt handelte. Von hier aus führten römische Verkehrsadern in Richtung Kellmünz, Augsburg, Epfach, Füssen und an den

Bodensee. Allerdings lag die Stadt abseits der noch wichtigeren Straße von Augsburg zum Fernpaß.

Ein frühes Zeugnis römischer Verkehrsadern im Kemptener Raum ist der Meilenstein, der heute im Württembergischen Landesmusum in Stuttgart steht. Dieser Stein wurde vor 1550 von Sebastian Münster ausgerechnet im Weinkeller der Abtei Isny gefunden - er diente dort als Gewölbestütze! Er war im Jahre 201, zur Regierungszeit des Kaisers Septimius Severus, an der Römerstraße nach Bregenz aufgestellt worden. Die Inschrift mit genauer Datierung (elf römische Meilen bis Cambodunum - das sind rund 16 Kilometer) lässt weiter darauf schließen, dass er einst bei Wengen stand. Dort, an der alten Bundesstraße 12, befindet sich heute eine Nachbildung dieses Meilensteines.

Die Entwicklung Cambodunums kam im zweiten Jahrhundert wohl zu einem gewissen Stillstand. Zum einen war mit der Erweiterung der Provinz Rätien nach Norden inzwischen Augsburg zum Hauptort geworden, außerdem dürften andere Verkehrsadern für Handel und Wandel wichtiger geworden sein.

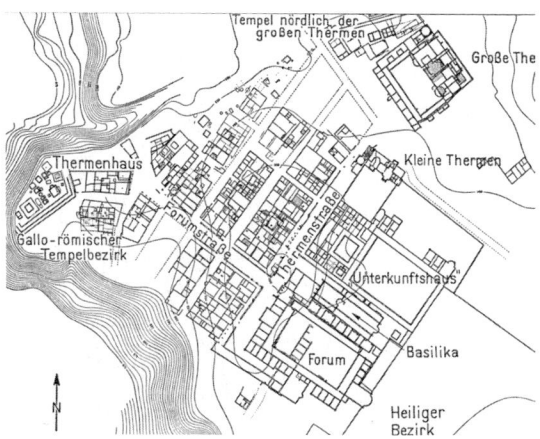

Rekonstruktion der Siedlung auf dem Lindenberg.

Durchbruch der Alamannen

Das so sicher erscheinende römische Imperium hatte immer größere Schwierigkeiten, sich der „Barbaren"-Einfälle an seinen Grenzen zu erwehren. Die Provinz Rätien war bereits seit der Zeit des Kaisers Caracalla (211-217) durch den Germanenstamm der Alamannen bedroht, die zuvor an der Elbe gesiedelt hatten, dann im Maingebiet mit den Römern in Berührung gekommen waren, zunächst jedoch noch außerhalb des Limes, der römischen Grenze, blieben. Um 233 brachen sie aber, wohl durch erhebliches Bevölkerungswachstum veranlasst, bis in den Raum Cambodunum durch. Mehrere Münzfunde aus jener Zeit im Allgäu lassen vermuten, dass wohlhabende, verängstigte Bewohner damals ihre Schätze vor den Invasoren versteckten. Hier ist vor allem der sogenannte Wiggensbacher Fund zu nennen, den man 1888 beim Weiler Waldegg entdeckte - über 400 römische Silbermünzen und dazu reichen Schmuck...

Wenn nicht schon um 233, so ganz sicher etwa zwei Jahrzehnte später wurde das Cambodunum auf dem Lindenberg von den Eindringlingen geplündert und vollends zerstört. Aber die Römer gaben nicht auf: Sie verlegten ihre Siedlung auf die linke Seite der Iller, zur heutigen Burghalde, die sich leichter verteidigen ließ. Vermutlich wurde auf der Anhöhe ein Kastell errichtet. Eine Abteilung der III. italischen Legion mit einem Präfekt an der Spitze sicherte das neue Wohnquartier; in etwa 200 Metern Länge wurde westlich der Burghalde der Rest einer Befestigungsmauer festgestellt. Am Fuß der Anlage entstand eine neue, freilich viel kleinere Stadt, das spätrömische Cambidano. Für die Neubauten verwendeten die Bewohner Steinmaterial aus dem verwüsteten Areal auf dem Lindenberg. Nordwestlich der Burghalde wurde ein Gräberfeld angelegt.

Allerdings, so ganz neu war die Garnisonsstadt Cambidano-Kempten westlich der Iller wohl doch nicht. Überraschende jüngste Funde beweisen, dass hier bereits im frühen ersten Jahrhundert, kurz nach Gründung der Stadt auf dem Lindenberg, Menschen gewohnt haben müssen. Untersuchungen und Notgrabungen seit 1982 brachten nämlich hochinteressante Funde und Erkenntnisse im Bereich der jetzigen Altstadt hervor. So entdeckten die Archäologen nahe dem Rathausplatz zwölf Eichenpfähle, die aus der Zeit zwischen 24 und 30 nach Christi Geburt stammen und vermutlich zu einer Brücke gehörten; damals standen ja Teile der heutigen City unter Wasser. Ausgrabungen östlich des Rathauses erwiesen, dass sich hier um die gleiche Zeit etliche Holzbauten befanden. Und schließlich sicherte man auch unmittelbar unter dem Rathaus - die Renovierung des Gebäudes ermöglichte 1985/86 eingehende Nachforschungen - antike Siedlungsspuren. Der Stadtarchäologe konnte daraus folgern, dass sich hier vermutlich schon in den beiden ersten nachchristlichen Jahrhunderten, im Zusammenhang mit dem Illerübergang im Zuge der Straße nach Bregenz, ein „Vorort" der Römerstadt befand.

Auf dem Lindenberg aber dürfte auch nach dem verheerenden Alamannen-Einfall das Leben nicht vollends erloschen sein: Funde zeigen an, dass dort noch nach dem Jahre 260 (in den Ruinen?) Menschen wohnten.

Der spätrömischen Stadt im Bereich der Burghalde war ein kürzeres Leben beschieden als ihrer Vorgängerin östlich der Iller. Anfang des fünften Jahrhunderts, so meinen die Fachleute, sei mit dem Abzug der römischen Truppen zu rechnen. Und kurz vor Ende jenes Jahrhunderts sei Rätien fast völlig in den Einflussbereich der Germanen gefallen.

Was aber wurde aus Cambodunum? Die Frage ist bisher nicht beantwortet. Entstand hier, zur Völkerwanderungszeit, ein Siedlungsplatz, wie man aus dem Fund eines merowingischen Schwertes nebst Gürtelbeschlag aus dem siebten Jahrhundert im Bereich der heutigen Kemptener Residenz folgern könnte?

Blick in die Kleinen Thermen, eine private Badeanlage für den Statthalter, seinen Stab und seine Gäste.

Die ersten Christen

Während noch Epona, Merkur, Herkules und andere Gottheiten verehrt wurden, gab es in spätrömischer Zeit höchstwahrscheinlich auch bereits die ersten Christen in Cambodunum. Vermutlich brachten Kaufleute die Kunde vom neuen Glauben ins Allgäu. Alfred Weitnauer ist überzeugt, dass hier schon um das Jahr 300 eine eigene christliche Gemeinde bestand.

Eine Kemptner Sage erzählt, um das Jahr 316, zur Zeit des Kaisers Konstantin, sei ein Götzentempel auf der Burghalde in eine christliche Kirche umgewandelt worden. Josef Rottenkolber vermutete, dass vor der damaligen Stadtmauer ein dem heiligen Laurentius geweihtes Gotteshaus errichtet wurde. Allerdings bezweifelte Weitnauer später, dass spätrömische Gebäudereste, die man 1939 an der Nordmauer des heutigen evangelischen Friedhofs entdeckte, die Grundmauern der ersten christlichen Kirche sein könnten. Die frühere Annahme, dass Cambodunum in spätrömischer Zeit sogar ein Bischofssitz gewesen sei, gilt heute als wenig wahrscheinlich.

Das bisher älteste Zeugnis eines Kirchenbaues in Kempten ist nach wie vor ein Bruchstück einer Chorschrankenplatte, das 1894 nahe der heutigen St. Mang-Kirche gefunden wurde. Es dürfte aber erst aus karolingischer Zeit, also aus dem achten oder neunten Jahrhundert, stammen.

Kloster und Stadt Kempten im Mittelalter

Keimzelle der Abtei

Was so ein Bruchstück alles bedeuten kann! Handelt es sich hier doch nicht nur um das früheste zuverlässige Zeugnis einer Kirche, sondern um das erste eindeutige Dokument für das Bestehen einer christlichen Gemeinde in Kempten überhaupt.

Die Römer waren abgezogen; die Alamannen, ab 500 endgültige (aber was heißt schon endgültig...) Herren in Rätien, verehrten ihre alten Götter. Das Umland des heutigen Kempten war noch kaum besiedelt. Lediglich Reste einer romanischen bzw. romanisierten Bevölkerung mögen geblieben sein. Das Gebiet geriet unter den Einfluss der Merowinger, dann der Ostgoten. Alfred Weitnauer ist überzeugt, dass Gotenkönig Theoderich der Große sogar Truppen nach Kempten verlegt hat.

Ob hier wirklich, wie vermutet, eine christliche Gemeinde aus spätantiker Zeit die Wirren der Völkerwanderung überdauert hat? Im achten Jahrhundert jedenfalls war dem Augsburger Bischof Wikterp die Notwendigkeit einer Mission zwischen Iller und Lech klar. Auf seine Initiative machten sich die Mönche Magnus und Theodor aus St. Gallen um 730 auf den Weg; genauer gesagt: auf die einstige Römerstraße von Bregenz nach Kempten.

Doch was von dem einst so stolzen Cambodunum nach der Alamannen-Landnahme noch übrig war, hatten wohl die Franken zerstört. Die antike Welt war eben völlig zusammengebrochen: Magnus und Theodor fanden eine „angenehme, aber gänzlich verödete Stadt" vor (Haggenmüller), vermutlich die Anlage im Bereich der Burghalde.

Theodor blieb hier an der Iller, während Magnus auf antiker Straße weiter gen Epfach und Füssen zog. Magnus hat nach der Legende allerlei böse Dämonen vernichtet und Kempten von einem furchtbaren Wurm befreit. Der später heilig gesprochene Mönch wurde zum Schutzpatron gegen alles Ungeziefer. Eine Bildtafel in Kemptens Keckkapelle aus dem Jahre 1495 zeigt ihn im Kampf gegen Raupen und Maikäfer.

Theodor errichtete eine Hütte, die man als Zelle der Mission ansehen darf, und eine hölzerne Kapelle, die Bischof Wikterp um 742/743 weihte. Kriegerische Auseinandersetzungen zwischen Alamannen und Franken (erst 746 gelang es dem Frankenkönig Karlmann, durch List den alamannischen Adel zu entmachten) verleideten Theodor den Aufenthalt. Er ging nach St. Gallen zurück. Von dort wurden wenig später erneut fünf Mönche nach Kempten geschickt.

Die eigentliche Geburtsstunde des Klosters aber schlug 752: Der Benediktinermönch Audogar gilt als Gründer und erster Abt des Kemptener Klosters. Es war zunächst St. Gallen unterstellt, wurde dann aber selbstständig.

Kaum zu glauben, dass, so Peter Blickle, aus dieser „bescheidenen mönchischen Niederlassung innerhalb weniger Jahrzehnte eine bedeutende Reichsabtei" werden sollte! Zum Jubiläum „1.200 Jahre Stift Kempten" schrieb 1952 Stadtpfarrer Martin Lohr: „In tiefer Dankbarkeit gedenken wir der segensvollen Missionsarbeit der wahrhaft apostolischen Glaubensboten unserer Heimat..."

Reichsstadt und Stiftsstadt Kempten an der Iller.

„Volksheilige" Hildegard

An der Lindauer Straße steht der im Jahr 2006 recht hübsch restaurierte, mit einer erläuternden Tafel versehene, sogenannte „Gesundheitsbrunnen", ursprünglich auch „Hildegardisbrunnen" genannt. Kemptens früherer Oberbürgermeister August Fischer erinnert in seinem Büchlein „Ein Spaziergang zu den Brunnen unserer Stadt" an eine alte Sage, nach der Königin Hildegard, zweite Gattin Karls des Großen, aus Rom kommend, „...bei sengender Hitze vor diesem Quell gehalten habe". Dem Wasser wurde einst Heilkraft zugesprochen.

Außer dem Hildegardplatz und dem Hildegardis-Gymnasium erinnert heute in Kempten nur noch wenig an die Königsgattin aus schwäbischem Herzogsgeschlecht. Und dabei hat das Stift Kempten ihr sehr viel zu verdanken. So viel, dass sie, die niemals offiziell heilig gesprochen wurde, hier Jahrhunderte hindurch als „Volksheilige" galt.

Sagenumwoben ist das Leben der Hildegard, und Legenden lassen nur schwer erkennen, welche Wohltaten sie wirklich dem Kloster erwies. Sie starb, 25-jährig, im Jahre 783. Mit knapp 14 Jahren war sie Karls Gemahlin geworden und hatte ihm in gut zwölfjähriger Ehe neun oder zehn Kinder geschenkt.

Hildegard war dem Kemptener Kloster zweifellos besonders gewogen; angeblich übertrug sie der Abtei Güter aus ererbtem Besitz. Und es gilt als wahrscheinlich, wenngleich umstritten, dass sie es war, die 774 die Gebeine der Heiligen Gordianus und Epimachus aus Rom nach Kempten bringen ließ. „Für die weitere Entwicklung eines Klosters war nach der damaligen Einstellung Reliquienbesitz von einer Bedeutung, wie sie heute der frömmste Katholik nicht ermessen kann", sagte Walter Pötzl in einem Festvortrag 1983 in der Kemptener Residenz anlässlich des 1.200. Todestages der Königin (zitiert nach „Allgäuer Geschichtsfreund" Nr. 83/84).

Der Legende nach ließ sie die Klosterschule gründen, deren Tradition zum Humanistischen Gymnasium, dem heutigen Carl-von-Linde-Gymnasium, führt. Ja, sie galt sogar als Stifterin der Abtei überhaupt. Wie die Sage kündet, hatte der König sie verstoßen, weil sie angeblich ein Verhältnis mit dessen Stiefbruder Talandus hatte; sie sei nach Rom geflohen, habe dann ihre Unschuld beweisen können, so dass Karl sie in Ehren wieder aufnahm. Als Dank für die „wunderbare Schickung" habe sie das Kloster gegründet.

So wurde sie zur Schutzpatronin der Abtei. Ihr Bild zierte das Stiftswappen. Schon vor dem Jahre 1200 prägten die Äbte Pfennige mit der Inschrift „Hiltigar Regina", später mit dem Bild der Königin. Und in einem Hof der Residenz soll eine „der Seligen Hildegard" geweihte Kapelle Ziel vieler Wallfahrten gewesen sein. In einer gefälschten Urkunde wurde sogar behauptet, Hildegard sei in Kempten begraben.

Die Gläubigen wandten sich in allerlei Sorgen und Nöten an die Volksheilige. Vor allem aber galt sie als Inbegriff für Schönheit, Weisheit und Tugend.

Hildegard (* ca. 758; † 30. April 783 in Diedenhofen an der Mosel in der Lothringer Pfalz) war die dritte Frau Karls des Großen und Mutter Ludwigs des Frommen. Es lassen sich zu ihrem Leben nur wenig Informationen finden, denn wie alle Frauen Karls stand auch sie im politischen Hintergrund und fand nur bezüglich ihrer Hochzeit, ihres Ablebens und als Mutter Erwähnung. Sie war die Tochter des schwäbischen Grafen Gerold (Agilolfinger) und seiner Frau Imma.

„Nationalheld" Heinrich

Knapp ein Jahrhundert später lebte der Sage nach „Heinrich Rizner, ein Ritter, genannt Heinrich von Kempten", den Alfred Weitnauer als „Nationalheld der Kemptener und Allgäuer" bezeichnet. Hier geht es, kurz gesagt, um folgendes:

Besagter Ritter soll in Bamberg König Ottos Truchsess erschlagen haben, weil dieser einen schwäbischen Herzogssohn wegen einer Nichtigkeit blutig geprügelt hatte. Der König wollte Heinrich zur Rechenschaft ziehen, doch der Ritter erzwang freien Abzug, allerdings unter der Bedingung, sich nie wieder beim König blicken zu lassen.

Etwa zehn Jahre danach, 963, gehörte Heinrich der Kempter zwangsläufig bei einem Italienzug Ottos - dieser war inzwischen zum Kaiser gekrönt - zum Kontingent des Abtes. Er hielt sich abseits vom Heerlager, um dem Monarchen nicht zu begegnen. Just als er in einem Badezuber hockte, sah er, wie Otto von etlichen Feinden hinterrücks angefallen, gefangen und gefesselt wurde. Im Adamskostüm sprang der Kemptener auf, erschlug mehrere Feinde, jagte die anderen in die Flucht, befreite seinen obersten Kriegsherrn - und ward darob feierlich rehabilitiert: „...ir zweier vîntschaft was dâhin", formulierte im 13. Jahrhundert Konrad von Würzburg, der aus der Sage eine mittelhochdeutsche Verserzählung gestaltete.

Ist nun wirklich alles Sage, was besagten Heinrich betrifft, dessen Geschlecht laut Johann Baptist Haggenmüller „vor Alters auf einem Schloss bei Buchenberg, Campimont genannt", gehaust haben soll? Josef Rottenkolber vermutet, dass zumindest in der Befreiungsaktion ein geschichtlicher Kern stecken könnte.

Heinrich der Kempter am Rathaus.

Maler und Dichter haben den Stoff, bzw. die eindeutige Badezuber-Szene, wiederholt behandelt. 24 Quadratmeter ist das Gemälde groß, das Franz Sales Lochbihler vor 1844 schuf und das sich im Besitz der Stadt befindet; im Jahre 1844 wurde im Stadttheater das Schauspiel „Heinrich der Kempter" von Besse aufgeführt. Und jeder Kempten-Besucher kann das Fresko an der Rathaus-Südfassade bewundern, das Franz Weiß 1938 gestaltete. In Schauspielen ist die Sage auch später noch auf die Bühne gebracht worden, so zuletzt 1985 in einem reizenden Historienspiel von Carl Oskar Renner in Buchenberg. Ja, Richard Wagners Sohn Siegfried schuf 1904 sogar eine Oper über Heinrich den Kempter. Sie trägt den drolligen Titel „Bruder Lustig" und wurde 1905 in Hamburg uraufgeführt.

Die Ministerialenfamilie der Rizner jedenfalls hat es gegeben, und sie besaß im Gebiet von Unterthingau bis ins 15. Jahrhundert etwa zwölf Güter, berichtet Hans Pörnbacher in dem 1985 erschienen Buch „500 Jahre Markt Unterthingau".

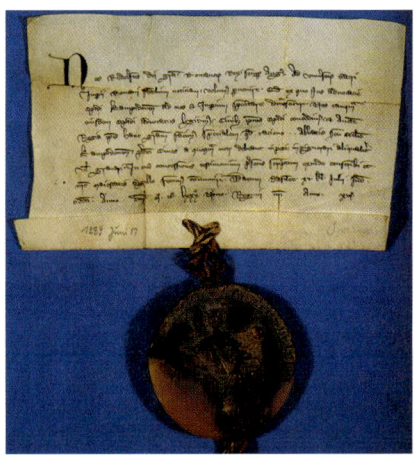

Freiheitsbrief König Rudolfs von Habsburg für die Stadt Kempten vom 17. Juni 1289.

Vom Abt zum Reichsfürsten

Doch von Sagen und Legenden zurück zur Geschichte: „Zwar sind alle Urkunden dieser Zeit für Kempten Fälschungen des 12. Jahrhunderts, doch ist es durchaus wahrscheinlich, dass Karl der Große die Immunität mit Königsschutz sowie das Recht der freien Abtswahl verliehen hat," schreibt Stefan Kirchberger in dem 1995 erschienenen „Führer zu archäologischen Denkmälern in Deutschland - Kempten und das Allgäu". Eine von Ludwig dem Frommen, dem Sohn Karls des Großen, stammende Urkunde bestätigt dann anno 815 dem Kemptener Abt die Immunität, und zwei Jahre später wird das Kloster, gegen Zahlung einer Steuer, vom Kriegsdienst befreit. Weitere Privilegien folgen. 853 ist von einer „marca Campidonensis" die Rede, einer Kemptener Mark, die offenbar die Interessensphäre des Klosters umriss. Ein Gebiet, das sich im Norden bis zum heutigen Wolfertschwenden und Böhen, im Osten bis Wertach und Thingau, im Süden bis Martinszell und Sulzberg, im Westen bis Frauenzell und Lautrach erstreckte. Diese Mark dürfte im wesentlichen der erstmals 1213 erwähnten „Grafschaft Kempten" entsprechen.

Allerdings war von einer ständigen Aufwärtsentwicklung zunächst kaum die Rede. Im Gegenteil. Anno 817 soll das Kloster abgebrannt sein. Wegen der schlechten wirtschaftlichen Lage befreite Ludwig der Fromme die Abtei 834 von der Steuerlast. Seit 909 suchten dann die Ungarn dreimal das Allgäu heim und verwüsteten jeweils auch das Kloster.

Etwa 940 setzte Otto der Große den Augsburger Bischof und späteren Heiligen Ulrich als Abt des Kemptener Klosters ein. Mit dem Namen Ulrich ist die Schlacht auf dem Lechfeld 955 untrennbar verknüpft, in der die Ungarn entscheidend geschlagen wurden. Auch ein Kontingent der Kemptener nahm an dieser Schlacht teil. Es sollen 54 Berittene mit dem Vogt Hasso von Thann an der Spitze gewesen sein; der Vogt verlor in den Kämpfen sein Leben.

Das Kloster gewann nun an Bedeutung. 980 stellte es 30 Panzerreiter für einen Italien-Feldzug Ottos II. Früher vermutete man, dass sich das Kloster ursprünglich im Bereich des heutigen St. Mang-Platzes befand und später verlegt wurde. Nach neuerer Erkenntnis der Archäologen kann davon aber kaum die Rede sein: Unter den zahlreichen Funden im Bereich der Residenz und Basilika sind z.B. Scherben römischer Sigillata (Tafelgeschirr) des frühen zweiten Jahrhunderts hervorzuheben, die hier eine spätrömische Vorstadt-Villa vermuten lassen, dann u.a. etliche Skelette; die Bestattungen dürften seit dem 7. Jahrhundert erfolgt sein. Birgit Kata und Gerhard Weber erklären 2006 (in „Mehr als 1.000 Jahre..."): „Stellt man die Vielzahl von frühmittelalterlichen Befunden um die Residenz der Fundarmut aus dieser Zeit im Bereich der Reichsstadt gegenüber, so ergibt sich der zwingende Schluss, dass mit großer Berechtigung von einer Kontinuität der Klosteranlage auf der Illerhochterrasse seit der Gründung im 8. Jahrhundert ausgegangen werden kann und eine Verlegung des Klosters nie stattgefunden hat." Jedenfalls entstand ein romanisches Münster „Unserer lieben Frau". Darstellungen des 16. und 17. Jahrhunderts lassen eine vermutlich dreischiffige Basilika mit zwei Türmen erkennen.

Eine Besonderheit: Damals bildete die Iller, genauer, ihr heute nicht mehr vorhandener westlicher Arm, die Grenze zwischen den Bistümern Konstanz und Augsburg. So ergab sich das Kuriosum, dass bis ins 15. Jahrhundert die „untere" Pfarrei bei der St. Mang-

Kirche zu Augsburg, die „obere" (heute St. Lorenz) zu Konstanz gehörte.

Nach 1200 wurde das Kloster Kempten „reichsunmittelbar", es unterstand also direkt dem König bzw. Kaiser. Mit der Übertragung der Grafschaft an den Abt durch Friedrich II. 1213 kamen auch die in diesem Gebiet wohnenden „Freien" unter die klösterliche Gerichtsbarkeit. Fünf Jahre später durfte der Abt seine Vögte selber ernennen (der Vogt war gleichsam der „weltliche Arm" des Abtes). Dienstmannen (Ministeriale), ursprünglich Berufskrieger des Abtes, wurden zu Rittern und trugen zur Erschließung der Mark bzw. Grafschaft bei. Noch um 800 war das Kemptener Umland wegen seiner kargen Böden kaum oder nur dünn besiedelt. Nun entstanden, oft durch Rodung, zahlreiche Ortschaften. Eine „Binnenkolonisation" setzte ein.

Die Äbte aber, zu souveränen Reichsfürsten geworden, konnten sich zumindest ab 1348 folgerichtig „Fürstäbte" nennen (der Historiker Volker Laube erwähnt hier allerdings bereits das 13. Jahrhundert). 1348 jedenfalls ehrte der König den Abt in einem Schreiben erstmals mit dem Titel eines Fürsten. Und genau 35 Jahre später war in Urkunden erstmals vom „Stift Kempten" die Rede.

Ein Marktflecken wird Handelsstadt

Im weiteren Umfeld des Klosters war inzwischen längst eine ansehnliche Handelsstadt entstanden. Vermutlich schon im achten Jahrhundert hatte es um die heutige St. Mang-Kirche herum eine stattliche Siedlung gegeben. Immer mehr Kaufleute und Gewerbetreibende ließen sich entlang der Hauptstraße zur Iller nieder. Der westliche Illerarm versumpfte. Allmählich wuchsen getrennte Teile der Siedlung zusammen. Wahrscheinlich schon lange vor Ende des 12. Jahrhunderts bestand hier ein Markt.

Im 1600 erbauten Müßiggengelzunfthaus trafen sich Mitglieder der 1419 gegründeten Straußengesellschaft.

Und aus dem Marktflecken wurde nach und nach ein kleines Handelszentrum, die Keimzelle der späteren Reichsstadt.

Hauptgrund für das Aufblühen der stadtähnlichen Siedlung an der Iller war sicher die zunächst recht günstige Verkehrslage, die schon den Römern zustatten gekommen war: Nähe zu den Alpenpässen, Straßen an den Bodensee sowie in Richtung Augsburg und München. Später kam dazu, dass die Iller ab Kempten zur Flößerei genutzt werden konnte. Man nimmt an, dass die Siedlung etwa zwischen den Jahren 1200 und 1250 das Stadtrecht erhielt und in dieser Zeit auch der Bau einer Stadtmauer begann. Quellen nennen jedenfalls erstmals 1257 „cives Campidonenses", also „Kemptener Bürger"; und in einem Privileg König Rudolfs von Habsburg vom 17. Juni 1289 wird Kempten als „oppidum", somit als befestigte Stadt, bezeichnet. König Rudolf bestimmt, dass das Gerichts- und Schutzrecht der Stadt „uns und dem Reich" zusteht. Die Stadt erhielt damit königlichen Schutz vor Übergriffen des Klosters, das ja nach wie vor Herr der Stadt war und bis kurz vor Ende des 13. Jahrhunderts noch gewichtige Hoheitsrechte besaß; es nahm Zölle und Zinsen ein und ernannte die städtischen Beamten - vom Ammann bis zum Büttel.

Seit 1237 sind Kemptener Kaufleute auf Südtiroler Messen bezeugt, so in Meran, wo sie Tuche verkauften. Wie Wolfgang Petz vermutet, handelte es sich um Waren aus Flandern. Es sind sogar Namen von Kaufleuten bekannt, ein Hildebrand Morzus (Motz), ein Hildebrand von Pruk und ein Hermann von Kempten.

Ein recht reger Wein- und Salzhandel entwickelte sich. Die Kemptener Schmiede lieferten Waffen und Sensen für den Export in die Schweiz, nach Italien und Burgund. Die Weber, an Kopfzahl stärkste Kemptener Zunft, wurden ob ihrer Leinwand sogar berühmt.

Nach 1378/79 hatte Kempten nämlich eine Zunft-Verfassung. Neben Webern und Schmieden zählten die Kramer, Bäcker, Metzger, Schneider, Schuhmacher und Gerber zu den Zünften. 1419 kamen die „Müßiggengel" hinzu, jene Bürgerzunft, deren Mitglieder nicht vom Handwerk, sondern vom Handel lebten und an die das Müßiggengelzunfthaus mit seiner vierhundertjährigen Renaissance-Fassade erinnert.

Wer aber waren die ersten, heute noch bekannten Kemptner Bürger? Familiennamen gibt es in unseren Breiten etwa seit dem Ende des zwölften Jahrhunderts. Sehen wir von den Kaufleuten ab, die in Meran 1237 ihre Waren feilboten, so sind Hainrich und Ulrich Truhsaez die am frühesten, nämlich 1287, genannten Bürger der Stadt. Genaueres verdeutlicht dann ein Dokument mit der Aufnahme von 90 Stadtbürgern ab 1333. Damals ging es, wie Alfred Weitnauer zitiert, um „...die burger, die ze Kemptun burgerreht hant empfangen nach der statt reht zu Kemptun". Allerdings konnten laut Weitnauer 1942 nur noch für zwei von diesen 90 „Altbürgern" in Kempten Nachkommen nachgewiesen werden, nämlich für die Weitnauer selbst und für die Familie Motz.

Dass der Erwerb des Bürgerrechts und damit der Zugehörigkeit zu einer Zunft keine ganz einfache Sache war, ist aus vielen Städten bekannt. So mussten hier jeweils Bürgen für die „Neulinge" eintreten, und pro Kopf waren, damals eine beachtliche Summe, fünf Pfund Konstanzer Pfennige zu zahlen. Vergünstigungen gab es aber, wenn ein Auswärtiger in eine Bürgerfamilie einheiratete.

Die Stadt wurde reicher, die Abtei hatte nicht selten Finanzschwierigkeiten. Spannungen waren geradezu vorprogrammiert. 1331 durfte die Stadt laut königlichem Freiheitsbrief losgekaufte Leibeigene zu Bürgern aufnehmen. Andererseits erreichte das Kloster, dass Kaiser Ludwig der Baier 1340 der Stadt verbot, etwa „Eigenleute" des Stifts zu Bürgern zu machen.

Zwar erwies sich die Verkehrslage Kemptens, ähnlich wie zur Römerzeit, auf die Dauer nicht so günstig, wie dies anfangs den Anschein hatte. Und wie das Kloster in seiner Entwicklung sicher durch Spannungen mit der Stadt beeinträchtigt war, hemmten auch die Abhängigkeiten vom Kloster das Aufblühen der Stadt.

Trotzdem genoss Kempten als Geschäfts- und Handelszentrum hohes Ansehen. Dies erweist auch eine bemerkenswerte Namensdeutung, die sich in einem Schweizer Mundartbuch und einem deutschen Namenslexikon findet: Der Familienname „Kempter" (oder „Kemptener"), seit dem 13. Jahrhundert bezeugt, sagt danach nämlich keineswegs nur die Herkunft aus dieser Stadt oder den gleichnamigen Orten in Hessen und im Kanton Zürich aus. Vielmehr könne der Name „Kempter" auch einfach die Bedeutung „Händler, Frachtfuhrmann" haben, eben weil das allgäuerische Kempten als wichtiger Handelsknotenpunkt galt.

St. Lorenz um 1840.

Dreißigjährige „Ewigkeit"

Stadt und Abtei hatten ihre Spannungen, standen sich aber durchaus nicht immer feindlich gegenüber. Hier einige Daten, die beispielhaft zeigen, wie sehr beide Teile bemüht waren, ihre Rechte zu wahren oder zu mehren (Angaben nach Haggenmüller, Rottenkolber, Weitnauer):

1347: Stadt und Abt Heinrich von Mittelberg verständigen sich. Der Abt verpflichtet sich, die Stadt zu schützen, und die Bürger schwören, dem Abt gehorsam zu sein. Im selben Jahre stirbt Kaiser Ludwig der Baier, und ein Jahr darauf wenden sich die Bürger an den neuen König Karl IV., der ihre Rechte bestätigt. Der Abt wiederum sucht beim König um den Schutz der Abtei-Rechte nach. Und noch im selben Jahr verspricht die Stadt, dem Abt und Vogt im Krieg gegen drohende Feinde beizustehen.

1353: Der Abt klagt in Konstanz dem König über Schäden durch Nachbarn, lässt sich seine Rechte bestätigen und hofft, dadurch die volle Herrschaft über die Stadt zu erhalten. Die Bürger lassen sich daraufhin vom König und dann auch vom Reichsvikar das Privileg bestätigen, dass die Vogtei über die Stadt dem Kaiser, also nicht dem Abt, zustehe.

1361: Am 25. April stellt der Kaiser dem Fürstabt eine Urkunde aus, wonach Burg und Stadt von alters her dem Abt gehört hätten. Ammann, Rat und Bürger sollten demnach dem Abt untertänig sein. Wenige Monate darauf erreichen die Bürger aufgrund einer Botschaft nach Prag, dass der Kaiser diesen Entscheid wieder zurücknimmt und Kempten als freie Reichsstadt anerkennt: Die Kemptener nennen die einschlägige Urkunde „Goldene Bulle". Der Abt will in Prag erneut intervenieren. Im Dezember trifft Reichsammann Rudolf von Homburg im Auftrag des Kaisers in Kempten ein, um zu schlichten. Das Ergebnis ist die „Homburger Richtung", die elf Tage vor Heiligabend zustande kommt. Danach werden zwar die grundherrlichen Befugnisse des Klosters festgestellt, aber die Bürger können erstmals einen Bürgermeister wählen.

1362: Die Kemptener wählen „Heinrich Spikel den Alten" zu ihrem Bürgermeister; laut Gerhart Nebinger („Allgäuer Geschichtsfreund" 1989) muss Spikel ein Zunftangehöriger gewesen sein. Weil die Bürger mit der „Homburger Richtung" ganz und gar nicht einverstanden sind, erreichen sie zum 1. Februar 1363 einen

Die Burghalde mit dem Stadtmauerturm von 1488 und dem Wohn- und Museumsgebäude von 1889.

Nachtrag, wonach statt des Ammanns nun der Bürgermeister im Rat den Vorsitz führt. Der Ammann, als Adliger mit dem Abt sympathisierend, ist den Zunftmeistern nämlich ein Dorn im Auge. Dann erklärt die Stadt, sie fühle sich durch die, im Besitz der Abtei befindliche, Burg (Burghalde) bedroht. Schließlich bildet die Festung, an deren Fuß die städtische Siedlung liegt, das Haupthindernis zur völligen Selbstständigkeit. Die Bürger nehmen den Abt kurzerhand gefangen und erstürmen am 12. November die Burg. Diese Aggression („Landfriedensbruch") kommt die Stadt teuer zu stehen: Sie muss dem Abt ein Vermögen zahlen, um die kaiserliche Acht abzuwenden. Der Abt baut die weitgehend zerstörte Burg nicht wieder auf, und die findigen Bürger verwenden die Steine der Festung, um ihre Stadtmauer zu komplettieren.

1368 und 1370: Verträge zeigen an, dass der Abt um ein gutes Auskommen mit der Stadt bemüht ist.

1379: Am 17. März kann die Stadt der Abtei den Bereich der Burghalde abkaufen. Vier Tage später schließen Abtei und Stadt für zwei Jahre einen Bund, in dem sie sich gegenseitigen Schutz zusichern. Diese Vereinbarung wird am 14. August in einen „ewigen Bund" umgewandelt, der ganze 30 Jahre währt.

1409: Die Stadt will dem Stift das Eigentum am Kempter Wald streitig machen. Einerseits hat die Stadt Neuerungen eingeführt, die dem Bündnis zuwiderlaufen. Andererseits ist der Abt, Friedrich von Laubenberg, in der Verteidigung seiner Rechte zu weit gegangen. Sogar der Papst wird eingeschaltet; Vermittlungsversuche schlagen fehl.

1417: Endlich kommt durch eine königliche Botschaft die Versöhnung zustande. Und die hält 13 Jahre...

Wo sind sie geblieben?

Wie es sich für eine mittelalterliche Reichsstadt gehörte, war auch Kempten von einem geschlossenen Mauerring mit eindrucksvollen Türmen, Toren und Bollwerken umgeben. Freilich dürfte es ins Reich der Sage gehören, dass bereits um 750 eine solche Mauer vorhanden war. Und dass dann, am Ende des neunten Jahrhunderts, immerhin ein Wall, ein Graben und ein Schanzpfahlzaun bestanden, ist gleichfalls nicht nachgewiesen. Willi Kaiser hält dies aber in seiner Studie „Kemptens mittelalterliche Stadtbefestigung" („Allgäuer Geschichtsfreund" 1914) für sehr wahrscheinlich.

Gewiss haben die Kemptener jedoch im 13. Jahrhundert mit dem Bau einer ordentlichen Stadtmauer begonnen. Am längsten sparte man dabei den Abschnitt zwischen der Burghalde und der Iller aus. Sumpf und Altwasser bildeten dort ohnehin eine natürliche Verteidigungslinie. Erst nach Erstürmung der Burg wurde die Lücke geschlossen; um 1400 war die Gesamtbefestigung wohl im wesentlichen fertig. Bald darauf wurden die Brennergassen-Vorstadt und dann, östlich des Flusses, auch die Illervorstadt in den Ring mit einbezogen. Bis zum Ende des 17. Jahrhunderts ergänzte und verbesserte man die Befestigung mehrmals.

Doch wo sind diese Zeugen der einstigen stolzen Reichsstadt geblieben? Das Pulvertürmle ist noch da, das einst zur Befestigung der Brennergassen-Vorstadt gehörte und zuletzt als Pulvermagazin diente, sowie das spätmittelalterliche Ankertörle. Im übrigen gibt es im Original nur mehr Mauerreste zu sehen. Der Grund: Sämtliche großen Tore wurden im 19. Jahrhundert abgebrochen, vor allem, um damit den Anforderungen des „modernen Verkehrs" (oder was man damals darunter verstand) zu genügen. So fiel 1811 auf Anordnung der Regierung das Klostertor. 1865 folgte das Waisentor, ein Jahr darauf das Fischertor. Dieses bildete einst den südlichen Abschluss der Fischergasse. In seinem Buch über „Reichsstädte zur Blütezeit" stellt Wolfgang Petz zwei Bilder eindrucksvoll gegenüber: Einmal den malerischen Blick aufs Fischertor, zum anderen ein Foto, das die heutige Situation mit Fußgängerunterführung und Warenhaus zeigt. Petz spricht hier von einem Beispiel für die „ästhetische Verwahrlosung unserer Städte". 1876 schließlich wurde auch das Metzgertor (Illertor) demontiert.

Der Verlust solcher historischen Substanz wurde schon vor fast einem Jahrhundert lebhaft beklagt. Haben doch andere Städte auch in der engeren Umgebung ihre Probleme geschickter gelöst, indem sie Tordurchfahrten erweiterten oder die Tore seitlich freilegten.

Willi Kaiser schreibt in seinem Beitrag 1914: „Aber in Kempten ist anscheinend in dieser Richtung nicht einmal der geringste Versuch gemacht worden, sonst hätte sich sicherlich, wie auch im benachbarten Memmingen, das eine oder das andere der Stadttore erhalten lassen. So aber bleibt nur die eine zuversichtliche Hoffnung, dass die jetzige Stadtverwaltung um so zielbewusster die spärlichen, noch vorhandenen Zeugen einstiger Reichsstadtherrlichkeit schützen wird..." - Begnadeter Optimismus.

Immerhin wurden in jüngster Vergangenheit Mauerreste freigelegt, teilweise erneuert, teils sogar rekonstruiert. Ja, nach alten Vorlagen, wenngleich nicht ganz exakt auf historischem Standort, sind sogar zwei der Stadttore völlig neu wiedererrichtet worden; tadeln die einen, dass die künstliche, nicht

Die Kemptener Stadtmauer im Jahre 1569. Auszug aus der Cosmographia von Mathias Merian.

originale Wiederbelebung der Geschichte ein falsches Bild zeige, so freuen sich die anderen, weil wenigstens ein Teileindruck von dem vermittelt wird, was Kempten einmal war.

Und die Burghalde, heute beliebter Aussichtspunkt und Standort der Freilichtbühne? Diese beherrschende Anhöhe der Kemptener Innenstadt ist schließlich eine Stätte vielfältigen, wechselvollen historischen Geschehens: „Illyrier, Kelten, Römer, Alemannen und Franken, Ungarn und Kreuzfahrer, Schweden, Kroaten, Franzosen, Kosaken und Tataren, Könige und Kaiser, Herzöge und Grafen, Äbte und Mönche, Papisten und Lutheraner, Bürger und Bauern haben diese Burg abwechselnd gebaut und zerstört, haben diesen Berg berannt oder sich auf ihm geborgen", hat Alfred Weitnauer einmal formuliert.

Nach der Zerstörung 1363 und dem Erwerb durch die Stadt wurde die Anlage 1488 als Teil der Stadtbefestigung wieder aufgebaut, später verstärkt, 1703 von den Franzosen erneut befestigt und zwei Jahre später, 1705, von kaiserlichen Truppen geschleift. Seither ist die Burg Ruine. Von den ursprünglichen Bollwerken ist nur mehr wenig zu sehen. Der Unterbau der Türme und Mauern soll noch aus der Stauferzeit stammen; der Nordturm ist nach Auffassung von Michael Petzet erst 1488 errichtet worden, nicht aber schon 1223, wie man früher vermutete.

Der Wein war schuld

Mit dem eigenen Weinbau hatten die Kemptener, ob Stadt, ob Stift, wenig Glück. Man hat die Winzerei angeblich am Hang der Burghalde versucht, es soll auch mal einen relativ anständigen Rotwein-Jahrgang gegeben haben; aber im wesentlichen galt wohl das Wort des Freiherrn von Kreitmeier: „O glückliches Land, wo der Essig, der anderswo mit großer Mühe bereitet werden muss, von selbst wächst!" Dafür ließ es sich hierzulande ja auch beim Biere gut sein: Im Stift Kempten wird schon 1394 eine Malzmühle genannt, und zwar im Bereich der Pfarrei St. Lorenz; das lässt eindeutig auf das Bierbrauen schließen. Das Allgäuer Brauhaus führt denn auch seine Tradition auf diesen Zeitpunkt zurück. Hier handelt es sich aber lediglich um ein gesichertes Datum. Vermutlich haben bereits die Mönche aus St. Gallen die Kunst des Bierbrauens nach Kempten gebracht; das Allgäuer Brauhaus wäre dann sogar die älteste Brauerei Deutschlands überhaupt. Von den sicher auch schon bierbrauenden Kelten ganz zu schweigen.

In der Stadt ist laut A. Weitnauers Allgäuer Chronik erstmals 1260 eine Bierbrauerei erwähnt. Die Brauer gehörten übrigens ursprünglich zur Zunft der Schmiede; erst seit 1763 gab es eine eigene Bierbrauer-Zunft.

Wer aber Wein trinken wollte, war im Allgäu auf Importe angewiesen. Und damit hat es mitunter Probleme gegeben.

So schickte einstmals ein Kemptener Fürstabt den Kellermeister und Kemptener Bürger Jörg Beck ins Elsaß und in den Breisgau, um dort rund 1.500 Liter kostbaren Rebensaft einzukaufen, beschuldigte dann aber den biederen Beck, 30 Gulden unterschlagen zu haben. Da selbst die Entlastung vor Gericht den Fürstabt nicht besänftigte, wich der Kellermeister gekränkt in die Schweiz aus und heuerte dort 334 Appenzeller Söldner an. Mit denen trat Jörg Beck den Marsch auf Kempten an. Der Fürstabt stellte ihnen die stiftische Streitmacht von rund 1.300 Mann entgegen (die Städter zogen es vor, in diesem Falle ihre Bündnispflicht zu versäumen). Am 17. März 1460 kam es bei Buchenberg zur Schlacht. Wie die Sage vermeldet, schossen die Stiftkemptener die erste Salve aus ihren Donnerbüchsen just in dem Augenblick ab, als die Eidgenossen zum Gebet niederknieten. Die Kugeln richteten daher keinen Schaden an, die Schweizer stürmten vor, die Stiftischen konnten nicht mehr laden. Nur zwei Schweizer, aber 183 Männer des Fürstabtes fanden den Tod, unter ihnen der Anführer der Allgäuer Truppe, Walther von Hohenegg. Noch im Sterben soll er gerufen haben: „Heut Walther und nimmermehr."

So steht es jedenfalls auf der Gedenktafel an der Südwand der Kapelle St. Georg am Ortsrand von Buchenberg. Hier, auf dem einstigen Schlachtfeld, war schon 1461 ein kleines Gotteshaus errichtet worden. Die heutige Nachfolge-Kapelle stammt aus dem 17./18. Jahrhundert.

Wie die Chronik berichtet, seien die Schweizer nach ihrem Sieg abgezogen. Der Fürstabt aber sei zum Rücktritt gezwungen worden und habe zum Gastwirt umgesattelt.

An der Schwelle zur Neuzeit

Schier ungeheuerlich muten die Opfer an, welche die Pest einst forderte. 1482 sollen an dieser Seuche allein in Kempten rund 1.400 Menschen gestorben sein, kaum glaubhaft, wenn man bedenkt, dass die gesamte Einwohnerzahl der Reichsstadt 30 Jahre zuvor auf nur 4.000 geschätzt wurde! 1521/23, bei einem erneuten Ausbruch der Pest, wird sogar von 1.600 Toten berichtet; unter ihnen war auch Fürstabt Johann Rudolf von Raitnau.

Trotzdem gewannen das reichsunmittelbare Fürststift und die vom Stift nun schon nahezu unabhängige Reichsstadt erheblich an Bedeutung:

Die Stadt konnte sich seit 1494 im Wesentlichen selbst regieren. Sie pflegte enge Kontakte mit anderen Städten. Bereits seit 1313 gehörte sie einem Bund an, der ursprünglich sechs, wenige Jahre später aber schon 22 schwäbische Städte umfasste; und seit 1488 war sie Mitglied des Schwäbischen Bundes, der Städte, Fürsten und Adel unter der Führung eines Bundesrates vereinte.

Die Fürstäbte hatten sich inzwischen erfolgreich bemüht, ihr Gebiet abzurunden und, so J. Rottenkolber, zu einem „geschlossenen Staatsganzen" auszubauen. Wie hoch das Ansehen war, wird daraus deutlich, dass für das große Konzil, das dann 1414/18 in Konstanz stattfand, ursprünglich u.a. auch Kempten als Tagungsort in Erwägung gezogen worden war. 1455 verlieh Kaiser Friedrich III. dem Fürstabt das Recht, in seinem Herrschaftsbereich nicht nur die geistliche, sondern auch die weltliche Gerichtsbarkeit, über Leben und Tod, auszuüben; laut Alfred Weitnauer das einzige Kloster des Reiches, dem diese Vollmacht zuerkannt war!

Friedrich III. besuchte übrigens im Jahre 1485 Kempten, ebenso neun Jahre später sein Sohn und Nachfolger, Maximilian I., der als „letzter Ritter" in die Geschichte eingegangen ist.

Wo mögen diese Monarchen damals gewohnt haben? Alfred Weitnauer stellte Ende 1970 eine interessante Hypothese auf, kurz bevor das damalige „Café Schiff" am Rathausplatz zum Hotel „Fürstenhof" umgebaut wurde: „Dieses Haus ist der legitime Nachfolger des mittelalterlichen Königshofes Kempten. Ich möchte dies mit an Sicherheit grenzender Wahrscheinlichkeit

Die St. Mang-Kirche ist seit 1527 das Zentrum der Reformation in Kempten.

behaupten." Nach Weitnauers Auffassung dürften hier demnach die beiden Kaiser, später auch Rudolf von Habsburg, die Abgesandten der Republik Genua und der Dogen von Venedig, Wallenstein, Prinz Eugen und der kaiserliche Hofastronom Johannes Kepler Quartier genommen haben. Das um 1600 errichtete Renaissance-Haus sei nämlich kein Neubau, sondern ein Wiederaufbau gewesen und habe, wie Wilhelm Bürgle, Leiter des Stadtbauamtes, 1970 feststellte, einen mittelalterlichen, gotischen Kern. In der Tat, so Weitnauer, finde sich in einer handgeschriebenen Chronik der Reichsstadt der lapidare Satz: „Anno 1187 ward das große Haus am Markt gebaut."

Die zentralen Anlagen des Fürststiftes wurden im 15. und 16. Jahrhundert erweitert, ein neuer Kreuzgang geschaffen. Um die gleiche Zeit entstanden auch in den zum Fürststift gehörenden Orten zahlreiche neue Gotteshäuser.

Das kulturelle und künstlerische Leben in Stadt und Stift gewann gleichfalls an Bedeutung. Noch aus dem 14. Jahrhundert zum Beispiel stammt der lebensgroße Astkruzifixus in St. Lorenz. 1468 ist in Kempten ein Maler Konrad genannt; möglicherweise ist er der Schöpfer der bekannten „Kemptener Kreuzigung", eines 1460/70 entstandenen Gemäldes, das sich heute im Germanischen Nationalmuseum in Nürnberg befindet. Vermutlich Konrads Schüler und bedeutender Nachfolger war der Kemptener Bürger Ulrich Mair; und um 1470/1500 war hier auch ein namhafter Bildschnitzer tätig, der „Meister des Imberger Altars". Um 1500 ist u.a. der Maler und Bildhauer Jakob Schick zu nennen, wenig später der Maler Lux Maurus.

Dank wirtschaftlichem Aufschwung konnte die Reichsstadt etliche Bauvorhaben verwirklichen. Nicht nur Leinenproduktion und Schmiedehandwerk blühten, auch der Textilhandel war beträchtlich; er erstreckte sich bis nach Böhmen, Linz, Wien und Frankfurt. Ab 1427 ließen die Bürger die St. Mang-Kirche von Grund auf neu gestalten. Der Turm folgte 1440, die erste Orgel um 1480. Im „Allgäuer Geschichtsfreund" 1976 hat Ludwig Dorn die bemerkenswerte architektonische Leistung jener Tage gewürdigt; war doch damit „die erste große gotische Kirche des Allgäus" entstanden. Baumeister war vielleicht ein Hans Grünenwald, der 1417 als Maurer und Bürger in Kempten genannt ist und möglicherweise aus Straßburg stammte.

Ab 1474 wurde das jetzige Kemptener Rathaus erbaut. An derselben Stelle hatte sich zuvor, seit 1368, schon ein Kornhaus befunden, das dann zugleich als Rathaus diente. Es stand auf einem steinernen Fundament, war aber aus Holz konstruiert. Nun wuchs ein steinernes Bauwerk empor, das im Wesentlichen, auch in seinen Ausmaßen, bis heute besteht.

Schon seit 1317 sind Kemptener Studenten nachgewiesen, die hohe Schulen Europas besuchten, so in Bologna und Prag. Auch das Schulwesen hatte sich in Kempten, Stift und Stadt, weiterentwickelt: 789 hatte König Karl die Errichtung von Schulen an Klöstern verfügt. Im ausgehenden Mittelalter gab es nun am Stift Kempten eine höhere Lateinschule und in der Stadt zumindest eine deutsche Schule und eine niedere Lateinschule. Letztere hatte der Kaiser 1462 genehmigt.

Um dem Wohnungsmangel in der immer engeren, vom Stiftsland umgebenen Stadt zu begegnen, war man hier auf eine zukunftweisende Idee gekommen: Erstmals 1452 wurde in Kempten ein Haus mit zwei sogenannten „Herbergen" abgeteilt. Jeder Herbergsinhaber wurde Eigentümer seines Hausteils. Dies war der Anfang des Stockwerk-Eigentums und, genau

Ab 1474 wird das Kemptener Rathaus erbaut. In der Schranne lagert das Getreide. Hier das älteste erhaltene Foto aus den 1880er Jahren.

genommen, der Vorläufer der modernen Eigentumswohnung. Die Form der „Herberge" hat sich in Kempten in Einzelfällen noch bis in unsere Zeit erhalten.

Schließlich gab es soziale Fortschritte. So war 1412, statt eines älteren Gebäudes, vor dem Illertor ein neues Spital erbaut worden. Auch ein Leprosenhaus entstand. Aus Spenden und Stiftungen traten sogenannte Seel- oder Beginenhäuser hinzu, klosterähnliche Anwesen einer aus den Niederlanden kommenden Frauenbewegung: Die Mitglieder lebten ohne Ordensregeln zusammen und erfüllten soziale Aufgaben. Erwähnt sei in diesem Zusammenhang, dass die Stadt 1519 erstmals einen studierten Stadtarzt anstellte, Dr. Ulrich Angelberger.

Im Stiftsgebiet dagegen nahmen soziale Spannungen in beängstigendem Umfange zu. Schon 1415 hatten sich Bauern erhoben, der Aufstand war rasch niedergeschlagen. 1491 war eine erneute Erhebung zu verzeichnen. Die Bauern sandten Heinrich Schmid aus Leubas zum Kaiser, um gegen die Härte des Fürstabtes zu klagen. Aber der Mann verschwand unterwegs spurlos, vermutlich war er ermordet worden. Ein zweiter Bote gelangte dann an sein Ziel. Doch auch diese Rebellion war bald zu Ende. Truppen des Schwäbischen Bundes besetzten das Kemptener Kloster, 1492 wurde Friede geschlossen. Die Bauern resignierten erst einmal, und etwa 200 von ihnen sollen in die Schweiz geflohen sein.

Die Auseinandersetzungen flammten bald wieder auf und spitzten sich zu. Bittere Klage wurde geführt, dass 1.200 freie Bauern im Stift binnen weniger Jahren durch Zwang oder List zu Leibeigenen des Klosters gemacht und dass Abgaben und Dienstleistungen empfindlich erhöht worden seien. Der große Bauernkrieg stand vor der Tür.

Reichsstadt und Fürststift Kempten in der frühen Neuzeit

Mit dem Bauernkrieg schlägt die große Stunde der Reichsstadt

Eine hohe Stirn, große, forschende Augen und ein wallender weißer Bart kennzeichnen das Antlitz des Mannes, dem die Reichsstadt Kempten ihre völlige Unabhängigkeit verdankt: Gordian Seuter. Als Bürgermeister lenkte er in der Zeit des Bauernkrieges die Geschicke der Stadt. Klug wusste er die Gunst einer Schicksalsstunde zu nutzen, und diplomatisch widerstand er Versuchungen, welche die Stadt hätten ins Verderben führen können. Eine Kopie seines Porträts ziert heute die Schrannenhalle des Kemptener Rathauses.

Waren es nur Abgaben, Unterdrückungen, Missstände, die die Welle der Bauernerhebungen vom Elsass bis nach Thüringen auslösten? Die allmähliche Überbevölkerung auf dem Lande, dadurch eine immer geringere Wirtschaftsfläche der einzelnen Höfe, mag eine gewichtige Rolle gespielt haben und, im Gegensatz zu 1492, immer stärker auch die vordringende Reformation, die das Verlangen nach einer Erneuerung von Glauben, Kirche und Gesellschaftsordnung (wir würden heute sagen: nach Menschenrechten) wachrief. Gerade im Allgäu aber blieb die Bauernbewegung vor allem an konkreten lokalen Missständen orientiert und war ideologisch nur schwach untermauert, stellt Wolfgang Petz 1980 im „Allgäuer Geschichtsfreund" fest. Peter Blickle kann in der „Geschichte der Stadt Kempten" von 1989 darauf hinweisen, dass das Allgäu damals gleichsam „Weltgeschichte" gemacht habe, weil der Bauernkrieg

- hinsichtlich der Massenbasis, Gewaltsamkeit, Programmweite die bedeutendste bäuerliche Erhebung in Alteuropa - im Fürststift Kempten begann und hier auch sein Ende fand.

Jörg Schmid, „Knopf von Leubas" bei Kempten, Sohn des 1491 spurlos verschwundenen Heinrich Schmid, wird im Januar 1525 von den Bauern des Stifts Kempten als Verhandlungssprecher ausersehen. Die Stiftkempter wollen den Schwäbischen Bund um Vermittlung anrufen. Aber auch Fürstabt Sebastian von Breitenstein hat bei diesem Bund Klage erhoben, und der Bund stellt sich keineswegs auf die Seite der Bauern. Die Stiftkempter schließen sich mit den anderen Allgäuer Bauern und weiteren „Bauernhaufen" zusammen. In Memmingen werden am 15. März die zwölf Artikel angenommen, u.a. mit der Forderung, die Leibeigenschaft und ungerechte Abgaben abzuschaffen. Die Bauern sind wenig kriegserfahren, die einzelnen „Haufen" handeln meist unabhängig voneinander und verzetteln sich. Im April beginnt im Allgäu der Krieg: Am 3. April wird das Kloster Kempten kampflos besetzt und verwüstet, die Bibliothek wird vernichtet. Die Burgen Wolkenberg (bei Wildpoldsried) und Hohenthann (bei Kimratshofen) gehen als erste in Flammen auf. Die Burg Liebenthann (bei Obergünzburg) wird belagert: Hierher hat sich der Fürstabt geflüchtet. Er kapituliert nach wenigen Tagen, am 11. April, gegen freien Abzug und findet in der Reichsstadt Kempten Asyl.

An der Spitze der Heeresmacht des Schwäbischen Bundes steht Truchsess Georg von Waldburg, der als „Bauernjörg" bekannt wird und dem sich mehrere Bauernhaufen unterwerfen. Trotzdem gelingt es Knopf von Leubas, die Stiftkempter noch am 2. Mai 1525 auf der Schwaigwiese von Kempten (damals zum Stiftsgebiet gehörend!) zur Wiederaufnahme des Kampfes zu begeistern.

In der Stadt erkennen Bürgermeister Seuter und sein Rat, dass der Aufenthalt des Fürstabtes innerhalb ihrer Mauern eine einmalige Chance darstellt: „Wohl bedenkend, dass der Bauern Sache nicht mehr lange Bestand haben möchte, suchten die Bürger bei der Armut und Hilflosigkeit des Abtes die früher angeknüpfte Unterhandlung über Ablösung aller Rechte des Fürsten an die Stadt glücklich zu Ende zu führen, obgleich die städtische Kammer zur Zeit nur über geringe Geldmittel zu verfügen hatte", formuliert Josef Rottenkolber. Geschickt hält sich die Stadt - obgleich die Bürger mit den Bauern sympathisieren - aus dem Krieg heraus und untersagt auch jede Beteiligung an den Plünderungen im Kloster. Es gelingt, mit dem bedrängten Fürsten schnell handelseinig zu werden. Am 6. Mai 1525 unterzeichnet Sebastian von Breitenstein gegen Zahlung von 30.000 Gulden den Verzicht auf sämtliche Rechte, auf alle Güter und Einnahmen, die das Stift noch in der Stadt besessen hat. (Ein Jahr später bestätigt der Kaiser diesen „Großen Kauf", und der Papst gibt sein Einverständnis 1529 unter der Bedingung, dass die Stadt auf die Gemeinden Durach und Betzigau verzichtet, die zuvor der Pfarrei Sankt Mang angehört haben).

Mit diesem Vertrag ist Kempten vollends zur freien Reichsstadt geworden. Die Finanzierung des „Großen Kaufs" ergibt sich teilweise aus der auch hier beginnenden Reformation: Die Stadt lässt das nun überflüssig erscheinende Kirchensilber der St. Mang-Kirche einschmelzen und vermünzen.

Die Bauern aber - Schätzungen schwanken zwischen 4.000 und 23.000 Mann, wobei die erstgenannte Zahl wohl am wahrscheinlichsten ist - stellen sich an der Leubas zur letzten Schlacht. Das Schwäbische Bundesheer unterm Truchsess rückt mit 7.500 Mann, darunter 1.500 Reiter, an und schlägt einen Angriff der Bauern zurück. Als Jörg von Frundsberg mit weiteren 3.000 kampferprobten Landsknechten dem Truchsess zu Hilfe kommt, verlassen die Bauern in der Nacht zum 15. Juli das Leubas-Lager. Viele fliehen in Panik; ein paar Tausend ziehen sich mit Knopf von Leubas an der Spitze zum Kohlenberg bei Sulzberg zurück. Der nachrückende Truchsess schafft mit einer Politik der verbrannten Erde vollendete Tatsachen: Zwischen Leubas und Durach sollen rund 200 Bauernhöfe in Flammen aufgegangen sein.

Schon am 16. Juli kapitulieren die Bauern. 70 Anführer werden in die Duracher Kirche gesperrt, 18 davon enthauptet. Die Masse der Bauern wird entwaffnet. Die Aufständischen müssen ihre Eroberungen herausgeben, Gehorsam schwören und Schadenersatz leisten.

Österreichische Beamte erwischen Jörg Knopf und 17 weitere Allgäuer Bauernführer, die ihr Heil in der Flucht suchten. In Bregenz wird Knopf gefoltert und im Januar 1526 durch den Scharfrichter des Schwäbischen Bundes zwischen Bregenz und Lochau erhängt. Schlecht ergeht es auch dem Pfarrvikar Matthias Waibel, Bauerssohn aus Martinszell, der in der Lorenzkirche bereits vor dem Krieg in lutherischem Sinne gepredigt und sich 1523 gegen den Ablaß-Missbrauch gewandt hatte. Er wird zu Unrecht beschuldigt, ein Rädelsführer der Bauern gewesen zu sein. Ihn kerkert man in Leutkirch ein, und auch er wird wenig später gehängt.

Im Oktober macht der Fürstabt im sogenannten Martinszeller Vertrag den Bauern einige Zugeständnisse, die jedoch die Gefahr eines erneuten Aufstandes nicht ausräumen. Eine zweite Abmachung vom 19. Januar 1526 in Memmingen stellt die Bauern etwas günstiger; etliche ihrer Forderungen werden erfüllt. Allerdings ist die Verschuldung der Bauern als Kriegsfolge beträchtlich. Und vor allem: Der Abstieg der noch vorhandenen „Freien" in die Leibeigenschaft wird durch diesen Vertrag vorgezeichnet, „...wenngleich mit humaneren Mitteln" (W. Petz). Aber längst nicht alle Bauern des Stiftsgebietes gehören zu den Unterzeichnern des Vertragswerks, bei dessen Ausarbeitung die Bürgermeister von Ravensburg und Kempten als Schiedsrichter mitgewirkt haben.

Aus dem Krieg erhalten ist das sogenannte „Blutbuch" von 1526. Es benennt insgesamt 173 „auffryrige Pawren und Redlißfuhrer" aus dem Kempter Stiftsgebiet. Ein Teil von ihnen wurde hingerichtet, andere retteten sich in die Schweiz, etliche traten in venezianische oder türkische Dienste. Was besonders auffällt: Schon 1527 wurde deutlich, dass die Hälfte von all diesen Rädelsführern wieder als Bauern auf ihren alten Höfen saßen.

Mag Fürstabt Sebastian von Breitenstein, übrigens als Geistlicher alles andere als ein Vorbild, sich in seinen letzten Amtsjahren bemüht haben, die schwers-

Martin Luther und Hylduch Zwingli.

ten Wunden zu heilen und (die 30.000 Gulden der Stadt kamen ihm dabei zustatten) durch Neuerwerbungen die Grundlagen seines kleinen Territorialstaates zu verbessern: „An den Folgen der gescheiterten Erhebung hat die deutsche Bauernschaft über 300 Jahre lang zu leiden und zu tragen gehabt..." (J. Rottenkolber).

Tafel Burg Wolkenberg.

Bauernaufstand bei Altusried.

Zwingli oder Luther?

Gordian Seuter

„Hier wohnte 1553-1561 Primus Truber, der slovenische Luther..." kündet eine Gedenktafel am 1328 erbauten evangelischen Pfarrhaus neben der St. Mang-Kirche. Diesem Manne, der acht Jahre hindurch als Pfarrer in Kempten wirkte und wegen seiner Übersetzung des Neuen Testaments auch als Mitbegründer der slowenischen Schriftsprache gilt, ist es nach den Wirren des Bauernkriegs und der ersten Reformationszeit gelungen, „...die lutherischen und zwinglischen Gegensätze in glücklicher Weise zu versöhnen", wie Dekan Otto Erhard 1917 („Die Reformation der Kirche in Kempten") formuliert.

Schon 1527 hatte sich die Reichsstadt der Reformation angeschlossen, nachdem hier bereits 1523 Pfarrer Sixtus Rummel reformatorisch gesonnen war und 1524 die Geistlichen der St. Mang-Kirche die Tracht abgelegt und bei der Taufe deutsch gesprochen hatten. Der Rat der Stadt, nun für das Kirchenwesen zuständig, bestellte 1527 Jakob Haistung, der im Gegensatz zu Rummel nicht für die lutherische, sondern die zwinglianische Glaubensrichtung eintrat, zum ersten evangelischen Prediger. 1530 unterzeichnete Kempten zwar die Augsburger Konfession. Aber im Januar 1533 ergab in der Stadt eine Abstimmung, nach Zünften getrennt, dass sich 500 Bürger für die zwinglianische und nur 174 für die lutherische Rich-

Primus Truber

tung aussprachen. Das bedeutete die Beseitigung des gesamten Kirchenschmucks: Am 11. Januar 1533 wurden Figuren und Tafelbilder des Gotteshauses verbrannt, die steinernen Skulpturen zerschlagen, dem Palmesel der Kopf abgehauen und die Wandgemälde übertüncht, obgleich ein wohlhabender Bürger sich erboten hatte, die Innenwände auf eigene Kosten einfach mit Leinen bespannen zu lassen. Lediglich die Orgel blieb erhalten, vermutlich, weil sie 1480 von der angesehenen Familie Vogt gestiftet worden war.

Ludwig Dorn macht allerdings im „Allgäuer Geschichtsfreund" 1978 darauf aufmerksam, dass in der Chronik von Christoph Schwarz, der 1601/15 in Kempten Prediger war, von einer Verbrennung keine Rede ist, sondern dass es „unbewusst" sei, wo die Bilder aus der St. Mang-Kirche hinkamen. Es wäre, so Dorn, der Mühe wert, in Allgäuer Kirchen und Pfarrhöfen zu suchen, ob nicht da und dort noch Kunstwerke damaliger Kemptener Maler und Bildhauer zu finden wären… Interessant ist auch, dass 1913 bei Erneuerungsarbeiten am Verputz wieder beachtliche Reste der einstigen Wand- und Deckenmalereien zum Vorschein kamen. Hierüber hat 1955 Friedrich Zollhoefer, gleichfalls im „Allgäuer Geschichtsfreund", ausführlich berichtet.

Auf jeden Fall hatte der „Bildersturm" aus dem Kircheninnern einen nüchternen, schmucklosen Gebetssaal gemacht. Die Orgel verstummte für über vier

Jahrzehnte. Bürgermeister Gordian Seuter scheint über diese Vorgänge entsetzt gewesen zu sein. Noch 1531/32 hatte er erreicht, dass Kempten seine politische Neutralität bewahrte und dem kurz zuvor gegründeten Schmalkaldischen Bund protestantischer Reichsfürsten nicht beitrat. Nun aber kehrte Seuter seiner Heimatstadt den Rücken und zog sich ins Kloster Ottobeuren zurück, wo er ein Jahr später starb.

In der jetzt zwinglianischen Reichsstadt bestand weiterhin das Kloster St. Anna mit zehn Franziskanerinnen. 1533 wurden sie aufgefordert, ihre Ordensgewänder abzulegen und die Predigtgottesdienste in St. Mang zu besuchen. Doch die Nonnen blieben standhaft. Sie verließen die Stadt, zogen nach Hirschdorf, bis ihnen der Fürstabt das Schloss Schwabelsberg zur Verfügung stellte, und siedelten 1548 von dort nach Lenzfried um.

Wie streng damals die Bräuche und Sitten in der Reichsstadt waren, zeigen drei Beispiele: 1538 verfügte der Rat, dass Personen, die von der Stadt Almosen empfingen, kein Wirtshaus betreten durften. Wer diese Bestimmung verletzte, sollte ins Narrenhäusle unter der Rathausstiege gesperrt werden, berichtet Alfred Weitnauer. 1542 wurden dann alle Feiertage abgeschafft. Und 1618 erging eine Verordnung, wonach Verlobte, die nicht mehr im jungfräulichen Schmuck vor den Altar treten konnten, am Freitag in der Frühe um 5 oder 6 Uhr getraut wurden. J.B. Haggenmüller: „Eine solche Hochzeit hieß eine Laternenhochzeit."

Wenige Monate nach Gordian Seuters Tod trat die Reichsstadt nun doch dem Schmalkaldischen Bund bei, gab aber dem Kaiser weiterhin, was des Kaisers war. So stellte sie 1542 für einen Kriegszug gegen die Türken 90 Soldaten zur Verfügung. Und 1543 war

Kaiser Karl V. persönlich mit großem Gefolge in Stift und Stadt Kempten zu Gast.

Der Schmalkaldische Krieg zwischen den protestantischen Mächten und dem Kaiser sollte die Kemptener bald in tiefste Verschuldung stürzen: Zunächst besetzten die schmalkaldischen Truppen im Frühsommer 1546 das Allgäu und erzwangen auch im Kemptener Stiftsgebiet evangelische Gottesdienste. Drei Monate später wendete sich das Blatt. Truppen des Kaisers und ein zusätzliches Heer des Papstes gewannen das Allgäu zurück. Der Vertreter der Reichsstadt Kempten musste sich in Heilbronn dem Kaiserhof unterwerfen und fußfällig um Gnade bitten. Die Stadt wurde verurteilt, u.a. dem Kaiser, dem Bischof und dem Fürstabt saftige Entschädigungen zu zahlen. Insgesamt sollen es fast 70.000 Gulden gewesen sein.

Und dabei konnten die Kemptener noch dankbar sein: Fürstabt Wolfgang von Grünenstein, der Nachfolger des Sebastian von Breitenstein, hatte sich in dem Krieg nämlich nachdrücklich dafür eingesetzt, die Reichsstadt zu schonen!

1548 trat das sogenannte „Augsburger Interim" in Kraft, das nach dem Schmalkaldischen Krieg die Religionsfrage im Reich lösen sollte. Es beinhaltete zwar Zugeständnisse an die Protestanten, aber andererseits doch die Wiedereinführung katholischer Zeremonien. Dies galt auch für Kempten.

Erst 1552 war wieder die freie Religionsausübung gestattet. Noch im selben Jahr berief die Reichsstadt Primus Truber zur Leitung des Kemptener Kirchenwesens. Aus der Nähe von Ljubljana (Laibach) stammend, war Truber in seiner Heimat Domherr gewesen, musste 1548 wegen seines Eintretens für die Kirchenreform fliehen, wurde Prediger an der Spitalskirche zu Rothenburg ob der Tauber, wo er sich endgültig der

Reformation anschloss, und kam nun Anfang 1553 nach Kempten. Er verfasste für die Reichsstadt eine neue Kirchenordnung, die von Toleranz geprägt war: Er wollte nicht den radikalen Bruch mit der zwinglianischen Tradition, sondern diese behutsam abschwächen und der lutherischen Praxis anpassen (so Paul Warmbrunn in der „Geschichte der Stadt Kempten"). Er vermochte dadurch, die noch immer schwelenden Spannungen auszugleichen.

In Kempten übersetzte Truber einen großen Teil des Neuen Testaments in seine Muttersprache. 1561 wurde er als Superintendent nach Laibach berufen und mit großen Ehren von den Kemptenern verabschiedet. Infolge der Gegenreformation dann erneut heimatvertrieben, verbrachte er seine letzten Lebensjahre in Derendingen bei Tübingen, wo er 1586 starb. In Kempten aber ist Primus Truber unvergessen: Zu seinem 400. Todestag fanden 1986 im Rokoko-Saal des Ponickau-Hauses zwei Vorträge österreichischer und slowenischer Wissenschaftler statt, in denen Leben und Wirken dieses Theologen gewürdigt wurden.

St Mang-Kirche von Süden gez. von Josef Buck 1854.

Handel, Wandel, üble Sitten

Die Reichsstadt hatte sich zur „Textilstadt" entwickelt. Seit dem späten Mittelalter spielte neben der Leinenweberei vor allem der Fernhandel eine bedeutende Rolle. Er erstreckte sich bis nach Italien, Südfrankreich und zur Pyrenäenhalbinsel. Im 16. Jahrhundert florierte auch der Handel mit Inntaler Salz, das in die Schweiz geliefert wurde. Im 17./18. Jahrhundert bestanden zahlreiche Fernhandelshäuser und Kontore Kemptener Bürgerfamilien; insbesondere sind zu nennen: Fehr, Fels, Kesel, König, Neubronner, Seutter und Weitnauer.

Dabei war die wirtschaftliche Lage der Stadt insgesamt nicht mehr sonderlich günstig: So wichtig den Bürgern die Unabhängigkeit vom Stift war, die konfessionelle Spaltung brachte erhebliche Nachteile. Die evangelische Stadt glich nun einer Insel in einem weiten katholischen Umland. Und dieses Umland hörte auf, ein nennenswerter Wirtschaftsfaktor für die Bürger zu sein. Der Wettbewerb zwischen Stift und Stadt wirkte sich immer kritischer aus.

Schon im 16. Jahrhundert siedelte der Fürstabt an der Rottach, gleichsam vor den Toren der Reichsstadt, eine Metzgerei an. Er ließ eine Gastwirtschaft eröffnen; weitere Handwerksbetriebe entstanden, Vorboten der späteren Stiftsstadt! Anfang des 17. Jahrhunderts untersagte der Fürstabt seinen Untertanen, in der Reichsstadt ein Wirtshaus zu besuchen, um dort zu essen oder zu trinken. Und umgekehrt verbot der Rat seinen Bürgern, irgendetwas im Stiftsgebiet zu kaufen oder zu verkaufen. Ja, die Illerbrücke wurde für alle Waren gesperrt, die fürs Stift bestimmt waren.

Dabei war man sich trotz der harten Konkurrenz nicht durchweg feindlich gesonnen. 1608 beispielsweise beglückwünschte der Rat der Stadt den vom Papst bestätigten neuen Fürstabt Heinrich von Ulm und ließ ihm sogar 68 Gulden als Geschenk überreichen.

Immerhin wollten weder Stadt noch Stift zurückstecken, was es auch immer sei. 1593 soll im Fürststift eine Hofbuchdruckerei eingerichtet worden sein, prompt folgte in der Reichsstadt 15 Jahre später die Eröffnung einer innerstädtischen Buchdruckerei.

1611 ereignete sich in Kempten ein kleiner Weberaufstand, der aber ein glückliches Ende fand: Fast hätten die Ehefrauen der Weber schon das Rathaus gestürmt; ihre Männer hinderten sie jedoch daran. Der Rat der Stadt war sichtlich beeindruckt und erfüllte die Forderung der Weber, wonach Kemptener Kaufleute fortan keine auswärts hergestellte Leinwand mehr verkaufen durften.

1619 erhielt die Reichsstadt sogar so etwas wie ein Postamt, eine Station der Taxis-Post.

Mit der Unterzeichnung der Konkordienformel 1579 war inzwischen die Entwicklung Kemptens zum Luthertum auf Grundlage der „Confessio Augustana" praktisch abgeschlossen. Als Prediger trat 1617 Dr. Georg Zeämann, der zuvor in Lauingen gewirkt hatte, sein Amt in St. Mang an. Er wandte sich vor allem gegen eine Verwilderung der Sitten und regte die Bildung eines geistlichen „Rügegerichts" an, das gegen Ausschweifungen und Laster einschreiten sollte (Das Rügegericht bestand dann tatsächlich bis 1772, also rund 150 Jahre lang!). Sein Hauptverdienst um Kempten war jedoch die Förderung des örtlichen Schulwesens, hier vor allem der städtischen Lateinschule. Im übrigen trat dieser bedeutende Mann mit zahlreichen theologischen Veröffentlichungen hervor, die ihm im Dreißigjährigen Krieg eine Festnahme und lange Inhaftierung einbrachten. 1630 musste

Zeämann den Kaiserlichen schwören, nie mehr im Reiche zu predigen. Er wurde dann Superintendent im damals schwedischen Stralsund.

Und was geschah im Stift Kempten? Fürstabt Wolfgang von Grünenstein (1535 bis 1557) regte die Gründung einer Benediktiner-Hochschule an, die tatsächlich alsbald in Ottobeuren eröffnet wurde, aber nur vier Jahre bestand.

1572 kamen der Fürstabt und der Augsburger Bischof überein, den sogenannten „Allgäuer Gebrauch" aufzuheben. Dieser sonderbare „Gebrauch" hatte darin bestanden, dass ein Untertan, der von einem Hoheitsgebiet ins andere umzog, dennoch seinem bisherigen Herrn die Steuern zu zahlen hatte und ihm auch in Streitsachen und bei der Kriegsdienstpflicht unterstellt blieb.

Wenn der evangelische Pfarrer in der Reichsstadt Veranlassung sah, für saubere Sitten einzutreten, so konnte dies verstärkt am Ende des 16. Jahrhunderts fürs Fürststift gelten, in dem übrigens zeitweise (1587 nach dem Tode von Fürstabt Albrecht von Hohenegg) der Konvent nur noch ganze zwei Mönche zählte. 1594 visitierte der Erzabt von Monte Cassino das Stiftskloster. Wenig später folgten hintereinander drei Visitationen durch den Nuntius Kardinal Portia. Und es wurde heftig Klage geführt: Der Weinkonsum sei viel zu hoch, jeder Konventsherr hätte statt einer Zelle ein eigenes Wohnhaus und würde in weltlicher Kleidung, mit Schmuck behangen, ausgehen; künftig müsste Frauen das Betreten des Klosters untersagt werden. Die Kritik war sehr umfangreich.

Der Fürstabt wehrte sich zunächst erfolgreich gegen das Verlangen, eine Reform des Klosterlebens nach den Forderungen des Trienter Konzils vorzunehmen. Der Kaiser half dabei mit und setzte sich gegen den Papst durch. Im Fürststift befürchtete man

Dr. Georg Zeämann

nämlich, nach einer solchen Reformierung des Klosterlebens würde der schwäbische Adel seine Söhne nicht mehr nach Kempten schicken! In der Tat hielt das Fürststift bis zuletzt am Adelsprivileg fest; auch in zahlreichen Verwaltungsfunktionen des ganzen Stiftsgebietes waren schwäbische Adelige tätig.

Erst unter Fürstabt Johann Euchar von Wolffurt (1616 bis 1631) wurden die Reformen ernsthaft angepackt und verwirklicht.

Und nochmals zurück zu Handel und Wandel: „Ein wichtiger Mosaikstein der frühneuzeitlichen Gewerbelandschaft" ist laut Wolfgang Petz auch die Papierherstellung im Raum Kempten gewesen. In dem erschienenen Buch „Mehr als 1000 Jahre..." weist der Autor darauf hin, dass bereits im Jahre 1477 an der Iller bei Kottern die erste reichsstädtische Papiermühle entstand. Alsbald folgten weitere Mühlen auf stiftischer wie auf städtischer Seite, und der Fernhandel von Papier gewann an Bedeutung. Noch im 19. Jahrhundert gelang den einschlägigen Betrieben in Hegge und in der Illervorstadt der Übergang zur fabrikmäßigen Produktion. Petz: „Heute gehört freilich auch dieses Kapitel der Industriegeschichte des Kemptener Raumes endgültig der Vergangenheit an..."

Der Schwarze Tod

Seuchen dezimierten die Bevölkerung besonders in der Reichsstadt, wüteten aber in rascher Folge auch im Stiftsgebiet. Es sollte nicht bei den schon erwähnten Pest-Wellen von 1482 und 1521 bleiben. Dabei ist allerdings nicht immer klar, ob es sich tatsächlich jeweils um den Schwarzen Tod, also die Pest, oder um eine andere, ähnliche Epidemie handelte.

Bereits im Jahre 1526 wurde der erneute Ausbruch der Pest gemeldet. Vor allem 1564/65 wurde Kempten dann verheerend heimgesucht:

Am 20. Juni 1564 wurde die Pest durch infizierte Kleider aus dem Kloster in die Stadt eingeschleppt und griff so schnell um sich, dass binnen zwei Monaten schon 54 Häuser befallen waren. Zu den ersten Toten dieser Welle gehörte der Kupferschmied Peter Widenmann, der kurz zuvor das, inzwischen freilich mehrmals erneuerte, Trompetenmännle auf dem Kemptener Rathaus geschaffen hatte. Die Angst vor Ansteckung war kaum zu beschreiben. Die vornehmsten Bürger wanderten nach Ulm aus oder gingen aufs Land, um verschont zu bleiben. Weniger Begüterte hofften, dank der reineren Luft in der engeren Umgebung der Stadt davonzukommen, und die Märkte waren kaum mehr besucht, erzählt J.B. Haggenmüller. Der Fürstabt aber flüchtete vor der Seuche nach Liebenthann.

Bis zum Januar 1565 waren in der Stadt genau 1.475 Pesttote bezeugt.

Neun Jahre später brach schon die nächste Epidemie aus, eine weitere dann 1609. Noch schlimmer der Schwarze Tod 1628, im Dreißigjährigen Krieg: In der hungernden, verarmten Stadt sollen binnen eines Jahres über 2.000 (oder gar 2.700) Menschen der

Seuche zum Opfer gefallen sein. Und das war keineswegs der allerletzte Einbruch der Pest! Der schwerste von allen sollte 1635 folgen...

Es lag nahe, dass der Aberglaube zu den übelsten Verdächtigungen führte. Die Städter meinten 1628, ein Pater des Stifts habe die Pest durch Alchimie erzeugt, dadurch seien von Pesthauch geschwängerte Wolken in die Stadt herabgeblasen worden. Umgekehrt behaupteten Bewohner des Fürststifts, die reichsstädtischen Bürger hätten Hunde und Katzen mit pestilenzischem Fleisch gefüttert und die Tiere dann ins Stift hinübergejagt!

Schlechtes Geld und teure Soldaten

Das große Ringen des Dreißigjährigen Krieges kündigte sich 1608 an, als protestantische Territorien, u.a. Ulm, Nürnberg und die Kurpfalz, ein Verteidigungsbündnis, die „Union", ins Leben riefen. Die Reichsstadt Kempten trat diesem Pakt ein Jahr später bei, nicht zuletzt aus Sorge über die wirtschaftlichen Probleme mit dem Fürststift, die schließlich in einen gegenseitigen Warenboykott mündeten. Das Fürststift schloss sich daraufhin dem katholischen Gegenbündnis, der „Liga", an. Zwar verließ die Reichsstadt später die „Union" wieder - aber erst 1621, und da war der Krieg schon drei Jahre im Gange. Die Kemptener glaubten einer kaiserlichen Zusage, dass das Reich den Austritt mit dem Verzicht auf Truppen-Einquartierungen honorieren würde. Die Praxis sah aber bald anders aus.

Stift und Stadt waren zunächst rund 14 Jahre nicht unmittelbar mit Kampfhandlungen konfrontiert. Doch ständige Truppendurchzüge und -stationierungen wurden zu arger Belastung. Im Stiftsgebiet mussten die Bauern die Soldaten mit Verpflegung und Sold versorgen, und in der Stadt waren für einquartierte Kompanien erhebliche zusätzliche Geldmittel aufzubringen, so viel, dass die Bürger schließlich ihr Silbergerät hergeben mussten.

Geld wurde knapp, seit 1618 gab es eine Inflation, und Hunger herrschte. In einer grotesken zufälligen „Gemeinsamkeit" griffen Stift und Stadt 1622 zu einer bedenklichen Selbsthilfe: Beide verfügten ja über das Münzrecht, das Stift seit etwa 1200, die Stadt seit 1510, hatten aber noch nie gleichzeitig prägen lassen. Das wurde nun anders, wie Peter Stenger (in der „Geschichte der Stadt Kempten" und im „Allgäuer

Geschichtsfreund" 1989) erläutert. Die Reichsstadt ließ minderwertige Münzen prägen, das Fürststift tat es ihr in seinen Münzstätten in Obergünzburg und dann in Schwabelsberg gleich. Süddeutschland wurde von den miserablen Halbbatzen und Kreuzern nachgerade überschwemmt. Aufforderungen, die Produktion einzustellen, wurden ignoriert, bis Bayerns Kurfürst eingriff. Er ließ die Kleinmünzen einziehen und in Augsburg einschmelzen. Die Kosten mussten Stift und Stadt berappen...

Die Stadt war offensichtlich noch übler dran als das Stift. 1625 verkaufte sie dem Fürstabt das Schlösslein Neuburg bei Börwang.

Ernste Auseinandersetzungen begannen im Jahr 1627. Der Augsburger Bischof beantragte die Rückgabe der St. Mang-Kirche und der Fürstabt auch die der Vogtei ans Stift. Eine kaiserliche Kommission wollte dies vor Ort in die Wege leiten. Der Stadtrat lehnte ab, und der Kurfürst von Sachsen vermochte durch seine Vermittlung beim Kaiser, die Wogen noch einmal zu glätten.

Doch am 6. März 1629 erließ Kaiser Ferdinand II. ein Restitutionsedikt, wonach widerrechtlich weggenommene Stifte und Abteien rückerstattet werden sollten. Das traf nun auch für Kempten zu. Erneut rückte hier im Mai 1630 eine kaiserliche Kommission an, um dem Fürstabt die geistliche Aufsicht und Gerichtsbarkeit über Kirchen, Schulen und Stadt zurückzugeben. Dem Rat der Stadt wurde hierfür eine Frist von vier Monaten eingeräumt. Freilich lehnten die Räte erneut ab. Denn sie waren guten Mutes: Die Landung des protestantischen Schwedenkönigs Gustav Adolf in Pommern stand unmittelbar bevor. Und die Kemptener waren vermutlich nicht schlecht informiert. Der Geheimsekretär des Schwedenkönigs war nämlich ausgerechnet Philipp Sattler, ein Sohn ihres Stadtschreibers!

Im Februar 1631 schlossen die Protestanten in Leipzig ein Schutz- und Trutzbündnis, den „Leipziger Schluss", dem auch Kempten und Memmingen beitraten. Der Fürstabt, der von all dem erfahren hatte, sah anscheinend die katholische Sache als verloren an. Am 19. März setzte er seinem Leben selbst ein Ende.

Der neue Fürstabt, Johann Willibald von Kastel, versuchte erfolglos, die Kemptener aus dem Leipziger Bündnis zu lösen. Kaiserliche Truppen lagerten wenig später beim heutigen Spitalhof. Die Stadt bemühte sich, durch Anlieferung von Vieh und Zahlung von 4.000 Gulden an den General, Egon von Fürstenberg, gut Wetter zu machen. Doch nachts wurde sie von kroatischen Truppen überrumpelt. Der Austritt aus dem „Leipziger Schluss" wurde gefordert und für den „Hochverrat" eine Buße von 80.000 Gulden auferlegt. Die Drohung, die Stadt zu plündern, bewirkte, dass die Bürger herbeibrachten, was sie noch besaßen: Schmuck, Geschirr, Leinwand… Die Soldaten räumten inzwischen das Waffenarsenal der Stadt aus, und 400 Mann kaiserlicher Truppen wurden als zusätzliche Strafe für acht Monate in Kempten einquartiert.

Alsbald aber wendete sich die militärische Lage zugunsten der Protestanten. Im September 1631 wurde das kaiserliche Heer in Sachsen, bei Breitenfeld, geschlagen. Süddeutschland lag damit dem Schwedenkönig offen. Der Fürstabt ließ Anfang 1632 die Wertsachen des Klosters vorsorglich nach Reutte bringen. Die schwedischen Truppen näherten sich dem Allgäu.

Das Allgäu wird zur Hölle

Zunächst schien für die Stadt alles noch halbwegs gut zu gehen. Im April 1632 begab sich Kempten - gegen laufende Barzahlung, versteht sich - unter schwedischen Schutz; der Fürstabt floh an den Bodensee. Das Angebot des schwedischen Generalmajors Ruthven, auch das Fürststift nebst Schlössern, Orten und Untertanen für 1.500 Gulden in Schutz zu nehmen, lehnte Johann Willibald von Kastel ab. Am 20. April besetzten die Schweden Augsburg. Eine Kemptner Abordnung konnte dort des Königs Geheimschreiber Sattler besuchen.

Vom 30. April an war dann im Allgäu die Hölle los. In raschem Wechsel hausten Schweden und Kaiserliche im Stift oder in der Stadt so, wie die, meist zu Unrecht zitierten, Vandalen niemals gehaust hatten. Die verübten Gräuel beider Seiten, die Brandschatzungen, das allgäuweite Elend lassen sich kaum beschreiben. Ausführliche Darstellungen finden sich beispielsweise bei J.B. Haggenmüller, Josef Rottenkolber und Alfred Weitnauer. Hier soll der Gang der Dinge nur kurz zusammengefasst werden:

Ab Ende April ist das Fürststift hart betroffen; die meisten Beamten fliehen. Die Bauern südlich und nördlich Kemptens wollen den Schweden Widerstand leisten, werden aber auseinandergetrieben. Viele Höfe werden in Brand gesteckt. Nach einer Schießerei geht ganz Reicholzried in Flammen auf, die Kirche samt den dort eingesperrten Bauern wird gleichfalls verbrannt. Am 23. Mai 1632 jubeln die Kemptener beim Einzug von 1.500 schwedischen Reitern in die Reichsstadt.

Zwar verbietet der Rat den Bürgern, sich an der Plünderung des Stifts zu beteiligen, aber etliche Städter sind doch dabei. Altäre und Bilder werden zerschlagen, einige Häuser in Brand gesteckt, und der Kirchensaal wird schwedischer Roßstall. Die Stiftsbewohner müssen ihre Waffen abliefern, Soldaten und Pferde versorgen und kräftig Gulden berappen. Die Schweden plündern das Schloss Sulzberg, die Stadtbürger die Schlösser Falkenstein, Schwabelsberg, Wagegg, Wolkenberg und Liebenthann und zünden sie an. Morde, Grausamkeiten, Plünderungen suchen das Allgäu heim.

Am 3. August geben die Schweden die Stiftsgebäude zum Abbruch frei. Gegen drei Stimmen (unter ihnen Bürgermeister Vinzenz Dorn) plädiert auch der Stadtrat für die Beseitigung der Anlagen. Kloster, Residenz und Kirche werden abgerissen, die Grabdenkmäler der Fürstäbte zerschlagen, Leichen und Gebeine auf die Straße geworfen.

Im Oktober, also wenige Wochen vor seinem Tod in der Schlacht bei Lützen, entspricht Gustav Adolf der Kemptener Bitte, die ganze Grafschaft, d.h. das Fürststift, „auf ewige Zeiten" der Reichsstadt als Eigentum zu übertragen. Nun übernehmen Ratsherren die Stiftsverwaltung und erheben erhöhte Steuern. Weitere Folge: Ein Bauernaufstand droht. Und der Fürstabt, im Exil nicht untätig, ersucht den Kaiser und dessen Feldherrn Wallenstein um Hilfe. Die Lage in und um Kempten wird unsicher, als die Hauptmacht der Schweden abzieht.

Schon im November 1632 erscheinen tausend kaiserliche Reiter vor der Stadt, werden jedoch abgewehrt. Im Januar 1633 aber belagern bis zu 20.000 kaiserliche Soldaten das von nur 1.800 Schweden, Württembergern und Bürgern verteidigte Kempten. Nach zwei vergeblichen Sturmangriffen dringen die Kaiserlichen an drei Stellen zugleich in die Stadt ein. Eine entsetzliche Panik bricht aus. 150 Häuser stehen in Flammen, rund 400 Einwohner, darunter vor allem Frauen und Kinder, aber auch Bürgermeister Zacharias Jenisch, werden erschlagen. Widerliche Gräuel spielen sich ab, Vergewaltigungen und Plünderungen, Quälereien überall. Dann muss die Stadt 76.000 Gulden zahlen und 14 Ratsherren als Geiseln stellen. Ein schwedischer Gegenangriff im Juli wird niedergeschlagen. Allerdings saugen die Schweden das Stiftsgebiet durch Kontributionen weiter aus und stehen, was Gräuel betrifft, den Kaiserlichen nicht nach.

1634 herrscht in Kempten entsetzlicher Hunger. Viele Menschen sind ausgewandert oder irgendwo in fremde Kriegsdienste getreten. Ratsherren erbetteln in der Schweiz über 6.000 Gulden, um die dringlichsten Schulden der Stadt zu begleichen. Dann, am 30. März, eine erneute Wende: Der schwedische Feldherr Gustav Horn überrumpelt die kaiserliche Besatzung Kemptens, seine Truppen übersteigen nachts die Stadtmauer beim Pulvertürmle und werden wieder einmal jubelnd begrüßt. Die Freude währt jedoch nicht lange. Im Herbst rücken die Schweden nach der Niederlage bei Nördlingen ab, und die Stadt muss erneut dem Kaiser den Treueid leisten.

Im Jahre darauf ist die Hungersnot noch einschneidender. Im ganzen Stiftsgebiet gibt es angeblich kaum mehr als 50 Rinder und Pferde. Im Mai 1635 wird die Reichsstadt in den sogenannten Prager Frieden einbezogen, der zwar noch längst nicht das Kriegsende bringt, aber erhebliche Zahlungen für die kaiserliche Armee abverlangt.

Die letzten Schweden verschwinden. Dafür schleppen im Juni kaiserliche Soldaten Pest und Fleckfieber ein. Der Schwarze Tod wütet überall im Allgäu, von Isny bis Kaufbeuren. Erst Ende Oktober erlischt die Seuche. Das Allgäu hat binnen fünf Monaten etwa zwei Drittel seiner gesamten Bevölkerung verloren

- ein Drittel ist verhungert oder der Pest zum Opfer gefallen, ein weiteres Drittel geflohen. Allein in der Pfarrei St. Lorenz haben von 2.400 Menschen angeblich fast 2.300 den Tod gefunden. In der Stadt Kempten fordert die Seuche, die Schätzungen schwanken, zwischen 1.000 und 3.000 Seelen. Mögen die überlieferten Daten kaum glaubhaft anmuten, schon weitaus geringere Zahlen wären grauenvoll genug.

1636 kehrt der Fürstabt aus dem Exil zurück und wohnt in Schwabelsberg. 1637 suchen Kroaten die Stadt erneut heim, und 1638 nimmt die Stadt die katholischen Schwestern von St. Anna, Lenzfried, in ihre Mauern auf: Die Schwestern waren in großer Angst wegen der allenthalben herumstreifenden räuberischen Reiter. Wieder ein Jahr darauf stirbt Fürstabt Johann Willibald Schenk von Kastel und wird in Obergünzburg beigesetzt. Die in alle Winde, bis nach Padua und Rom verstreuten Stiftsherren kommen zurück. Am 19. Mai 1639 wählen sie in Unterthingau den 27jährigen Roman Giel von Gielsberg zu ihrem neuen Fürstabt. Dieser fordert unverzüglich alle geflohenen Untertanen zur Rückkehr auf. Um die schlimmsten Lücken zu schließen, werden Siedler aus anderen Hoheitsgebieten eingeladen, verwaiste Hofstellen zu übernehmen. Etliche, wenngleich nicht viele, kommen, insbesondere aus Vorarlberg und dem Großen Walsertal, aus Tirol und der Schweiz.

Im Mai und Juni 1640 huldigen die Bauern des Fürststiftes ihrem neuen Abt. Die detaillierten Aufzeichnungen (Alfred Weitnauer gab sie 1939 unter dem Titel „Die Bevölkerung des Stifts Kempten im Jahre 1640" heraus) lassen das Elend im Lande deutlich werden: Die Bauern, soweit sie noch leben, haben meist nur eine, zwei oder drei Kühe; vier sind schon viel, und sieben oder acht Kühe bilden die Ausnahme.

Man könnte denken, nun kehre wirklich endlich Friede ein. Der Fürstabt gliedert das gesamte Stift (es erstreckt sich etwa auf das Gebiet des ehemaligen Landkreises Kempten und auf etliche weitere Orte wie Unterthingau, Apfeltrang und Legau) in sieben Pflegschaften und setzt sich für eine strengere Einhaltung der Ordensregel ein. Die Zahl der Konventmitglieder soll erhöht werden, man ist auch bereit, den einen oder anderen Nichtadeligen zuzulassen. Das Land erholt sich allmählich etwas.

1646 aber erneutes Kriegsgetümmel, erneute Gräuel im Allgäu. Mit den Schweden, die am 30. November Kempten besetzen, sind nun auch die Franzosen verbündet. Wenig später erobern Kaiserliche, von Bauern des Stifts unterstützt, die Stadt zurück, ziehen jedoch wieder ab, zumal die Schweden die Burghalde halten. Und der Fürstabt muss noch zweimal, 1647 und 1648, fliehen. Bis schließlich, noch 1648, der Friede von Münster dem dreißigjährigen Ringen ein Ende setzt.

Alfred Weitnauer summiert: Die Einwohnerzahl der Stadt Kempten sank von 6.000 Seelen vor dem Kriege schon bis 1635 auf nur 900. Die Reichsstadt war verarmt. Ihre letzten, aus den schier unaufhörlichen Besatzungskosten herrührenden Schulden konnte sie erst zweieinhalb Jahrhunderte später, im Jahre 1871, abtragen.

Belagerung Kemptens durch die Schweden.

Ein umstrittener Fürstabt

Am Dreifaltigkeitssonntag des Jahres 1641 ritt der junge Kemptener Fürstabt Roman Giel von Gielsberg mit stattlichem Gefolge („...in achtzechen Pferdten unnd Einem Esl starck") überfallartig in den Irseer Klosterhof ein. Die Kemptener zerschlugen hier allerlei. Insbesondere leerten und zertrümmerten sie ein Fass feinen Neckarweins, das der Irseer Abt Maurus, angeblich auf ärztliches Anraten, im Keller aufbewahrt hatte. Hans Gurski erzählt dieses durchaus befremdliche Geschehen plastisch in seinem Beitrag über die Reformbemühungen des Kemptner Abtes im „Allgäuer Geschichtsfreund" von 1996. Er berichtet auch, dass, auf die Beschwerde des Irseer Abtes hin, Roman Giel von Gielsberg in einem kaiserlichen „Pönalmandat" zu einer saftigen Geldstrafe verdonnert wurde.

Über dreieinhalb Jahrhunderte später präsentierte nun der Irseer Pfarrer Dr. Anton Losinger, heute Weihbischof, dem Kemptener Stadtpfarrer von St. Lorenz, Prälat Dr. Albert Lupp, eine überraschende Rechnung: Das Fass dürfte rund 400 Liter beinhaltet haben, die der Prälat – für einen guten Zweck, versteht sich – den Irseern gleichsam zurückerstatten solle. Aus dieser Forderung entspann sich Anfang 1998 ein später, aber vergnüglicher Streit, der sogar den Bayerischen Rundfunk beschäftigte.

Doch wer war Roman Giel von Gielsberg eigentlich, der, aus dem Thurgau stammend, 1639 zum neuen Kemptener Fürstabt gewählt worden war? Die Urteile über ihn schwanken. J.B. Haggenmüller bescheinigte ihm „Eigensinn und Geistesbeschränktheit". J. Rottenkolber berichtete, dieser Abt habe schon in den vierziger Jahren „Spuren bedenklicher Geis-

Roman Giel von Gielsberg

tesstörung" gezeigt, er habe „himmelschreiende Ungerechtigkeiten" verübt und „...wusste offenbar selbst nicht, was er wollte". Alfred Weitnauer meinte, Gielsbergs Geisteszustand sei bereits 1650 „bedenklich" gewesen.

Erst in den zuletzt vergangenen Jahren scheint sich die Auffassung über diesen Mann und weitere Persönlichkeiten der Stiftshistorie zu ändern. Hierfür ein paar Beispiele: In der „Geschichte der Stadt Kempten" von 1989 würdigte Volker Dotterweich die zentrale Bedeutung, die Abt Roman für die Fortexistenz von Kloster und Stift zukomme; sein Einsatz für den Anschluss an die lothringische und oberschwäbische Benediktiner-Kongregation habe das Stift aus der Isolation gelöst. Im Oktober 1990 erklärte Kemptens Stadtarchivar Dr. Wolfgang Haberl in einem Vortrag in Heiligkreuz, es sei an der Zeit, „...der gefürsteten Abtei Kempten Sachlichkeit und Gerechtigkeit widerfahren zu lassen und sich auf ihre geschichtliche Leistung zu besinnen"; Giel von Gielsberg „...als Bautyrannen abzustempeln, ist ebenso ungerecht wie das Zerrbild Sebastians von Breitenstein..." Und Thomas Eser betonte in einem Beitrag 1991 im „Allgäuer Geschichtsfreund" die „Notwendigkeit einer Neubewertung der Figur Romans". Weitere Untersuchungen finden sich, neben dem genannten Beitrag von Hans Gurski, im „Allgäuer Geschichtsfreund" der Jahrgänge 1995 (von Gerhard Immler), 1997 (von Markus Naumann) sowie besonders 2000 (von Volker Laube und Markus Naumann).

Roman Giel von Gielsberg war gleichsam der Motor der Wiedererrichtung von Kirche und Stiftsgebäuden. Schon 1644, also noch im Krieg, hatte er die Planungen begonnen und in Lothringen die Glocken bestellt. Und bereits am 13. April 1652 legte er den „Grundstein für eine der gewaltigsten Kloster- bzw. Residenzanlagen der mitteleuropäischen Barock-Architektur" (Eser). Ein Neubau war notwendig, da von der früheren Anlage praktisch nur Steinhaufen übriggeblieben waren. Kein mönchisches Leben, keine Stiftsverwaltung, nicht mal ein Gottesdienst unter Dach war hier mehr möglich. Der weitgereiste Fürstabt hat nach Esers Auffassung erheblich an der Planung von Kirche (Stifts- und Pfarrkirche, zuvor getrennt, sollten nunmehr eine Einheit bilden) und Residenz teilgehabt und zur Ausführung minutiöse Anweisungen gegeben. Die Bauleitung oblag zunächst dem Vorarlberger Maurermeister Michael Beer (dem dann die häufigen Eingriffe des Fürstabtes vermutlich zu viel wurden) und anschließend dem aus Graubünden stammenden Johann Serro. Obwohl der Fürstabt während des Baues wiederholt erhebliche Änderungen durchsetzte, war die Kirche im wesentlichen schon 1661 fertig (die Türme wurden erst 1900 in heutiger Höhe ausgeführt) und fünf Jahre später, zumindest im Rohbau, auch die Residenz. Im Umfeld entstanden Ökonomiegebäude; Handwerker wurden angesiedelt.

Dass der Fürstabt seine Untertanen mit schier ungeheuerlichen Steuerforderungen belastete, dass die Frondienste ein „kaum tragbares Maß" erreichten, wurde Giel von Gielsberg immer wieder angekreidet. Demgegenüber Thomas Eser: Zumindest der Umfang der Hand- und Spanndienste sei damals auch andernorts üblich gewesen. Freilich sei es ein wirtschaftliches Phänomen, dass ein so aufwändiges Bau-Unternehmen noch in der Notzeit unmittelbar nach dem Krieg angepackt wurde. Die Antwort, die Giel von Gielsberg seinerzeit auf Grund der zahlreichen Beschwerden seiner Bauern gab: Man solle doch bedenken, dass Kempten ein alt und fürstliches Stift und es somit billig sei, „...wenn was Köstlicheres gebaut" werde (Zitat nach V. Dotterweich).

Gewiss war dieser Fürstabt rastlos, impulsiv, vor allem im Alter krankhaft gereizt, und er sah sich schließlich isoliert. So scheiterte dieser weitsichtige Mann denn auch im wesentlichen mit seinen ausdauernden Reform-Bestrebungen, die nach neuen Darstellungen keineswegs eine Schikane waren. Vielmehr ging es dem Fürstabt darum, ein mönchisches Leben zu gewährleisten, das der ursprünglichen Regel des Ordensgründers entsprach.

Das Bemühen, auch Nichtadligen die Aufnahme in den Konvent zu gestatten, führte am Ende ebenso wenig zum Erfolg wie die Anweisung, dass die Mönche 1668 aus dem provisorischen Sitz Schwabelsberg ins neue Stiftsgebäude umziehen sollten. Weil sie sich weigerten, veranlasste der Fürstabt durch bewaffnete Bauern gar eine Belagerung, die Mönche aber flüchteten in die Schweiz.

Beschwerden häuften sich; kaiserliche Kommissionen versuchten, zwischen Abt und Untertanen zu vermitteln. Schließlich wurde Markgraf Bernhard Gustav von Baden-Durlach aus Fulda zum „Koadjutor" (= Beihelfer mit dem Recht der Nachfolge) bestellt. Giel von Gielsberg, 1672 zum Papst zitiert, starb in der Ewigen Stadt ein Jahr später, angeblich an den Folgen zu heftigen Fastens.

Ein Beispiel damaliger Sittenstrenge bringt Alfred Weitnauer in seiner Allgäuer Chronik: Dem Stukkateur Hans Georg Kratzer wurde 1657 vom Kemptener Hofgericht verboten, weiter Tabak zu rauchen. Denn das, wie man sagte, „Taback trincken" war im Stift bei Strafe von einem Taler strikt untersagt. Der stiftkemptische Hoftrompeter sollte nun als Aufpasser dafür sorgen, dass Kratzer nicht rückfällig wurde. Kratzer begab sich daraufhin abends einfach in die benachbarte Reichsstadt, um dort ungestört rauchen zu können. Im Stift kam man ihm aber bald auf die Schliche und stellte ihn erneut vor Gericht. Der nikotinlüsterne Stuckateur konnte jedoch ein Zeugnis vom Stadtarzt vorlegen, wonach die Qualmerei zur Erhaltung seiner Gesundheit und Arbeitsfähigkeit notwendig sei. Kratzer kam dadurch glimpflich davon. Im Jahre 1679 endlich wurde auch im Stift das Rauchen erlaubt, allerdings nicht im Freien, sondern nur in Zechstuben und Küchen.

Chorgestühl in der Stiftskirche St. Lorenz.

Tausende verlassen die Dörfer

Ein bemerkenswerter Vorgang ist jedoch noch aus der Regierungszeit Giels von Gielsberg zu erwähnen: Eine ganze Reihe sogenannter „Vereinödungen" erfolgte in den Jahren ab 1661, und zwar zunächst vor allem im Gebiet Wiggensbach/Altusried. Peter Nowotny hat in seinem Buch „Vereinödung" (1984) die Bedeutung dieses Vorgangs dargestellt.

Im Verlauf von gut drei Jahrhunderten arrondierten Tausende von Bauern ihre Felder, brachen ihre Häuser ab, verließen die Dörfer und siedelten sich am Ende der „Gemarkung", in der „Einöde", wieder an. Demnach versteht man unter der Einöde einen bäuerlichen Betrieb, der sich außerhalb der Ortslage allein oder in Weilerform befindet. Die Anfänge dieser frühen „Bodenreform" weisen (so Gerhard Immler in „Mehr als 1000 Jahre...") bereits ins 15. Jahrhundert zurück. In größerem Umfang setzte die Vereinödung dann im 16. Jahrhundert ein, hier zunächst insbesondere im Bereich der Pfarrei Sulzberg, nämlich in Au und Graben, und sie endete 1879 wiederum im Raum Kempten, in Zollhaus. Bis zum Dreißigjährigen Krieg hatte es nicht sehr viele Vereinödungen gegeben. Danach aber verstärkte sich dieser Strukturwandel zusehends, und zwar durchweg aus Eigeninitiative der Bauern: Zwischen 1450 und 1791 ist laut Nowotny in keiner einzigen Urkunde eine Einflussnahme der Obrigkeit im Sinne von Anordnungen zu finden! Doch begleitete die Stiftsregierung die Bestrebungen vermutlich zumindest wohlwollend. Erst 1791 griffen regelnd die Fürstäbte mit ein.

Die Vereinödung war zunächst für die Bauern aus rechtlichen Gründen hochinteressant. Durch Rodung geschaffene Felder von sogenanntem „Volkland" waren nämlich vom damals üblichen Flurzwang, von Weidedienstbarkeiten und einschränkenden Nutzungen befreit. So konnte der Einödbauer auf diesen Flächen seine Bewirtschaftung einrichten wie er wollte. Hinzu kam, dass sich die Landwirtschaft im Allgemeinen verbessern ließ. Und was man einst nicht vorhersehen konnte: Durch die Arrondierung, die mit der Vereinödung verknüpft war, entstand jene Agrarstruktur, die sich dann im 19. und 20. Jahrhundert als Voraussetzung für den Wandel von Acker auf Grünland und somit für die moderne Milchwirtschaft erwies.

Die Vereinödung erstreckte sich mit Schwerpunkt auf das gesamte Gebiet des Fürststifts Kempten, griff aber darüber hinaus auch auf das südliche Oberallgäu, auf Teile des Ost- und Westallgäus, ja sogar auf Bereiche nördlich des Bodensees über.

Einzelhöfe und kleinere Weiler prägen dadurch noch heute das Bild der Region um Kempten.

Die Residenz, die Klosterkirche und der Hildegardplatz.

Vierhundert Bettler an einem Tag

Für die Reichsstadt hatte sich der Dreißigjährige Krieg verhängnisvoll ausgewirkt. Sie konnte sich von den Zerstörungen und Schulden nie mehr ganz erholen. Ihre frühere Blüte gehörte der Vergangenheit an, und sie war fortan schwächer als das Fürststift. 1649 kratzten die Kemptener, wieder als Bettler, Kredite aus Winterthur, Schaffhausen, St. Gallen und Zürich zusammen. Noch 1663 war die Stadt so arm, dass der Reichstag sie von der Zahlung der fälligen Türkenhilfe befreite. Versteht sich, dass es nicht möglich war, im Reichstag oder bei Konzilien einen eigenen Vertreter zu stellen; das Stimmrecht wurde anderen Gesandten übertragen.

Die wirtschaftlichen Probleme hatten freilich auch Ursachen, die nicht unmittelbar mit den Kriegswirren in Zusammenhang standen. Schließlich bildete die Stadt gleichsam eine Insel im Territorium des Fürstabtes. Dieser ließ 1673 bei Schwarzenbach eine Brücke über die Iller schlagen, was natürlich Schaden für die Stadt bedeutete, die bisher am Fluss eine Schlüsselposition eingenommen hatte. Auch das Anwachsen einer unmittelbar benachbarten, konkurrierenden Stiftssiedlung, die 1712 eigenes Stadtrecht erhielt, bedeutete einen Schlag für die Reichsstadt. Für diese Stiftssiedlung stellte Kaiser Karl VI. am 19. April 1728 das Stadtrechtsdiplom aus; sein Wortlaut ist im Buch „Zweimal Kempten - Geschichte einer Doppelstadt (1694 - 1836)" von Wolfgang Petz wiedergegeben. Abgesehen davon, und hierauf weist J. Rottenkolber hin, erschwerte der Niedergang der Leinenweberei und des Leinwandhandels den wirtschaftlichen Aufschwung; die Zünfte verloren an Bedeutung.

Trotzdem, das Verhältnis zum Fürststift besserte sich. Im 17. und 18. Jahrhundert scheinen die Fürstäbte mit ihren eigenen Untertanen weit mehr Differenzen gehabt zu haben als mit den protestantischen Reichsstädtern. Stift und Stadt bewerkstelligten sogar manche Vorhaben gemeinsam. So zum Beispiel die Wasserversorgung 1677 und knapp ein Jahrhundert später den Bau einer Chaussee in Richtung Kaufbeuren. Da die Stadt im Stiftsgebiet Güter besaß, war sie nämlich verpflichtet, bei einigen Straßenbau-Maßnahmen mitzuwirken. Und als der katholische Fürstabt 1785 schwer erkrankt daniederlag, ließ die protestantische Reichsstadt für seine Genesung öffentliche Betstunden halten (was ihr der Abt freilich durch ein großzügiges Geschenk fürs Waisenhaus dankte). Hervorzuheben auch: Als französische Truppen 1703 die Residenz des Fürstabtes plünderten, beteiligten sich daran - im Gegensatz zu 1632! - keine Bürger der Reichsstadt.

Dass Kriegsfolgen, Schulden und Hungersnöte nicht allein in Kempten drückten, wird daraus deutlich, dass im 18. Jahrhundert das Bettelwesen überhand nahm. 1736 erwog der Rat der Stadt Maßnahmen, um dem entgegen zu steuern: An einem einzigen Februar-Mittwoch dieses Jahres hatte man in Kempten nämlich über 400 Bettler gezählt!

Dabei waren die Kemptener offensichtlich sehr hilfsbereit. So wurden 1685 rund 400 protestantische Glaubensflüchtlinge aus dem Salzburger Land beherbergt, viele von ihnen verließen die Stadt nicht mehr. 1732 trafen weitere 155 Emigranten ein, die meisten von ihnen blieben für immer hier. Und noch im selben Jahr fanden über hundert Tiroler in Kempten Zuflucht.

Auch auf sozialem Gebiet tat sich einiges. 1697 war zum Beispiel eine protestantische Waisenhaus-Stiftung gegründet und 1708/1713 dann das neue Waisenhaus für 30 Kinder gebaut worden. Anstelle des Siechenhauses St. Stephan, das der Krankenversorgung diente, wurde 1770 ein neues Siechenhaus errichtet. Und besonderes Augenmerk galt dem Schulwesen. Erwähnt sei die Lateinschule, die sich allmählich zu einer Art bürgerlicher Realschule entwickelte.

Eine verheerende Feuersbrunst suchte 1741 die Stadt heim: Am 12. November stand das Haus des Bäckers Johann Jakob Jäck an der Klostersteige in Flammen. Insgesamt 28 Häuser mit 62 Herbergen und 19 Scheunen und Ställen fielen dem Brand zum Opfer. 53 Familien wurden obdachlos. Die Feuerwehr des benachbarten Stifts wollte beim Löschen helfen, konnte aber, wie A. Weitnauer berichtet, nicht in die Stadt hinein: Vor Aufregung fand der Bürgermeister den Schlüssel nicht. J.J. Jäck, durch dessen Fahrlässigkeit der Brand entstanden war, durfte sein Haus später nicht wieder aufbauen. Der Platz blieb frei und heißt noch heute Brandstatt.

Hingegen erteilte der Rat der Stadt anno 1760 die Konzession zur Errichtung eines ersten „Caffe-Hauses". Den Zuschlag erhielt der Kemptener Barbierssohn Matthias Fischer.

Reichsstadt und Fürstabtei Kempten im 16. Jhdt; kolorierter Kupferstich von Braun-Hogenberg 1576.

Prinz Eugen war schuld

Zwischen 1648 und der Französischen Revolution 1789 ging es auch im Allgäu keineswegs immer friedlich zu. Zwar blieben Stadt und Stift vor größeren Zerstörungen bewahrt. Aber immer wieder forderten kriegerische Auseinandersetzungen schwere Opfer.

Das begann mit dem Spanischen Erbfolgekrieg (1701-1714). Auf der einen Seite stand der Kaiser (zusammen mit dem Schwäbischen Reichskreis und somit auch mit Stift und Stadt Kempten), auf der anderen Frankreich, das mit Bayern verbündet war. Im November 1703 belagerten 2.000 Franzosen die Reichsstadt, beschossen die Burghalde, bis fast alle dort stationierten kaiserlichen Kanoniere gefallen waren, und schlugen dann eine Bresche in die Stadtmauer. Die 600 Köpfe zählende Besatzung kapitulierte. Gleichzeitig errichteten die Franzosen bei Dietmannsried ein Heerlager. Stadt und Stift mussten erhebliche Kontributionen leisten. Die Franzosen als Besatzungsmacht befestigten nach Kräften die Burghalde neu. Genauer gesagt: 450 städtische Bürger und stiftische Bauern mussten die Arbeiten ausführen.

Im Sommer 1704 eroberten dann die Kaiserlichen die Reichsstadt zurück. Um alle finanziellen Anforderungen zu erfüllen, nahm die damals etwa 2.500 Einwohner zählende Stadt Kredite in Höhe von rund 300.000 Gulden auf.

Die militärische Bedeutung der Burghalde scheint sogar dem berühmten Feldherrn Prinz Eugen von Savoyen aufgefallen zu sein. Er riet nunmehr, das gesamte Befestigungswerk zu zerstören. Der Fürstabt schloss sich, verständlich, dieser Meinung an, und so verkündete denn 1705 ein kaiserlicher Offizier den Kemptenern den Befehl, die Anlagen zu schleifen.

Rat und Bürger weigerten sich vergebens; der Offizier holte einfach etliche hundert Bauern aus der Umgebung zusammen, welche die Gebäude zu Ruinen machten.

Zwar erholte sich die Stadt danach etwas, aber weitere Auseinandersetzungen, so der Österreichische Erbfolgekrieg und der Siebenjährige Krieg, brachten erneute Belastungen. Vor allem ging es um die Quartierkosten für durchziehende Truppen. Und nur wenige Jahre sollten vergehen, bis im Gefolge der Französischen Revolution wieder einmal mehrere Kriege einander ablösten, die ihre Schatten auch aufs Allgäu warfen.

Burghalde zu Beginn des 19. Jahrhunderts.

Die Lebensfreude bleibt

Um 1740 ging Bürgermeister Matthias Jenisch daran, den Saal in seinem Hause am Rathausplatz (später Ponickau-Haus) zu restaurieren. Er verpflichtete hierfür, und dies ist bemerkenswert, zwei stiftkemptische Künstler: den Hofmaler Franz Georg Hermann und den Stuckateur Johann Georg Üblhör. Der prachtvoll gestaltete, herrliche Saal darf als ein reichsstädtisches Gegenstück zum fürstäbtlichen Thronsaal der Residenz bezeichnet werden. Anlässlich der Renovierung 1983 formulierte Johannes Goldner in einer Festschrift: „Der Festsaal ... legt Zeugnis für die Lebensfreude in der Freien Reichsstadt Kempten ab."

Trotz aller Schicksalsschläge blieb in der Tat die Lebensfreude. Gab es doch in der Stadt nach wie vor wohlhabende Patrizier, florierende Fabriken und Mühlen und erfolgreiche Kaufleute. So errichtete zum Beispiel die Familie König schon 1712 ein Haus mit einem eigenen Festsaal (heute Kronenstraße), und die Familie Fehr ließ den durch seine Rokokofassade bekannten Londoner Hof gestalten.

Die Kemptener erwiesen sich auch als recht theaterfreudig. Schon 1654 führte eine Laiengruppe im Salzstadel das schauerliche Drama von der „Zerstörung Jerusalems" auf, und drei Jahre später erließ der Rat der Stadt Statuten für die Gründung einer Kemptener Komödiantengesellschaft, die später übrigens u.a. auch in Memmingen gastierte. (Bekanntlich ist es heute umgekehrt, die Memminger Bühne ist häufig in Kempten zu Gast). Aus dieser Komödiantengesellschaft wurden bald zwei, die einander abwechselten, eine Gesellschaft der Verheirateten, die andere die der

Ledigen, berichtet Friedrich Zollhoefer im „Allgäuer Geschichtsfreund" 1956/57.

Die Bühne befand sich im Obergeschoss des Salzstadels, und dieser war seit 1525 im Besitz der Stadt. 1754 wurde das Haus renoviert. 1812/13 baute man neue Logen ein. Seine spätere Gestalt (abgesehen vom modernen Foyer-Anbau) erhielt das Gebäude erst 1828: Der aus Wertach stammende, seit 1825 in Kempten ansässige Maler Franz Sales Lochbihler baute es völlig um und bezog das Erdgeschoß mit in den Theaterraum ein. Lochbihler ist bekanntlich auch der Schöpfer des kostbaren Theatervorhanges. Das Bild zeigt Apollo im Tanz mit den Musen; und es ist ein offenes Geheimnis, dass der Künstler damals Kemptener Schönheiten auf die Leinwand bannte.

Das Innere der St. Mang-Kirche war seit dem „Bildersturm" von Nüchternheit geprägt. Aber schon 1579 hatten die Kemptener eine neue Orgel angeschafft. Und 1767/78 wurde eine gründliche Renovierung des vom Verfall bedrohten Gotteshauses notwendig. Freilich war die Stadtkasse leer; doch Kollekten erbrachten 16.000 Gulden, so dass man die Baumaßnahme anpacken und den Innenraum im Rokokostil umgestalten konnte. Zugleich wurde das Dach des Langhauses erneuert und drei Jahre später ebenso der Turm.

In dieser Kirche kam auch die Musik nicht mehr zu kurz. Und zwar Kirchenmusik in deutscher Sprache. Unter den Organisten von St. Mang sind zwei nachzuweisen, die auch als Komponisten hervortraten, wie Franz Krautwurst 1989 in der „Geschichte der Stadt Kempten" berichtet: Einmal Johann Gruber aus Augsburg, der hier bis 1655 wirkte und von dem eine fünfstimmige Motette bekannt ist, zum anderen der letzte reichsstädtische Organist und Musikdirektor Johann Fischer (1768 bis 1810); von ihm sind 14 Kantaten für vierstimmigen Chor, Bläser, Streicher und Orgel erhalten. In den letzten Jahrzehnten der Reichsstadt sind übrigens 25 Instrumentalisten bekannt, die zugleich als Handwerker tätig waren.

1991 erschien ein thematischer Katalog „Musikhandschriften der evangelisch-lutherischen Pfarrkirche St. Mang", der auf die Kompositionen Fischers hinweist. Da ist denn auch eine Kantate dieses Mannes zum Erntedankfest 1771 genannt, in der sich der Komponist an seine Mitbürger wendet: „Wenn sonst nichts mehr, geliebtes Kempten, wäre, das dich zu deines Schöpfers Ehre ermuntern und erwecken könnte..." beginnt der Text.

Überhaupt, unmusikalisch dürften die Kemptener niemals gewesen sein. Dafür spricht auch, dass die Stadt schon im ausgehenden Mittelalter ein Zentrum des Orgelbaus gewesen sein muss. Ein Kemptener Meister Augustin wirkte hier und schuf 1488 die erste Orgel der Stadtpfarrkirche zu Landsberg am Lech. Abgesehen davon: Der Stadt kam einst überregionale Bedeutung für den Glockenguss zu. Hans Frey, der größte süddeutsche Glockengießer der Renaissance, erwarb in Kempten 1571 das Bürger- und Zunftrecht.

Aber wenn es um Konkurrenz fürs Handwerk ging, kannten die Reichsstädter offenbar keinen Spaß. 1751 erfand der Strumpfstricker Kaspar Pfander ein kompliziertes Gerät, mit dem man maschinell tadellose Strümpfe fabrizieren konnte. Prompt wurde der Mann als Pfuscher aus seiner Zunft ausgestoßen und seine Maschine als Teufelswerk zerstört. Als Pfander nicht aufgab, sondern zwei neue Maschinen herstellte, verbot ihm der Rat die weitere Tätigkeit und das Erfinden überhaupt. Fast ein Jahrhundert später, 1866, meldete, jenseits des Ozeans, der Amerikaner J.W. Lamb die Konstruktion einer Strickmaschine als Patent an...

Theatervorhang von Franz Sales Lochbihler.

Der Gründer der Stiftsstadt

Der vielleicht markanteste Fürstabt Kemptens, Rupert von Bodman, gilt als typischer Repräsentant eines Reichsfürsten im Zeitalter des Absolutismus; und aus seiner Zeit heraus sollte er auch verstanden werden. Er verband politische Zielstrebigkeit mit persönlicher Selbstherrlichkeit (Peter Blickle 1989 in der „Geschichte der Stadt Kempten"). Sein herausragender politischer Erfolg war der Erwerb der Herrschaften Rotenstein, Grönenbach und Kalden. Und er gilt als der eigentliche Gründer der Stiftsstadt Kempten: Auf sein Betreiben erhielt die Siedlung 1712 von Kaiser Karl VI. das Stadtrecht zuerkannt. Freilich war es eine Stadt ohne Rathaus und Magistrat; an der Spitze stand eben die Stiftsregierung.

Vor Rupert von Bodman hatte Bernhard Gustav von Baden-Durlach als Fürstabt die Geschicke des Stifts vier Jahre hindurch gelenkt. Obwohl zugleich Abt von Fulda und Kardinal und deshalb meist nicht im Allgäu, wirkte er auch hier erfolgreich. So gründete er ein Noviziat und richtete 1674 für Schüler ein Theater ein. Vor allem leitete er - und dies im Zusammenwirken mit der Reichsstadt! - 1677 eine umfangreiche Baumaßnahme zur Versorgung der Gewerbetreibenden mit der erforderlichen Wasserkraft ein. Die Arbeiten erstreckten sich bis 1701. Der Eschacher Weiher wurde als Speicher angelegt, die Rottach gestaut, das Hehlenwehr gebaut. Ein Kanal leitete das Wasser zum Betrieb der Mühlen und Hammerschmieden in beide Hoheitsgebiete. Fürststift mit Rupert von Bodman und Reichsstadt trafen dann eine Vereinbarung über die Verteilung des Wassers.

Rupert von Bodman regierte ein halbes Jahrhundert hindurch, bis 1728. Er verfolgte mit der Gründung der

Rupert von Bodman

Stiftsstadt vor allem wirtschaftliche Ziele.

Eigene Zünfte wurden ins Leben gerufen, ebenso ein Wochenmarkt, und etliche Gewerbeanlagen errichtet. Bodman reformierte das Gesundheitswesen im Stift, 1702 richtete er an der Brachgasse ein Seelhaus für rund hundert Kranke ein. Ein neues Brauhaus entstand, und um 1700 wurde das Kornhaus gebaut. Dass dieses bedeutende Gebäude vom großen Baumeister Johann Jakob Herkomer seine Prägung erhalten hat, wird bereits seit langem betont. 1992 hat nun der Kunsthistoriker Ingo Seufert auf Grund neuer Aktenfunde den Nachweis vorgelegt, dass Herkomer in der Tat sogar der Baumeister gewesen sein muss.

Die rege Bautätigkeit des Fürstabtes erstreckte sich auch auf das weitere Stiftsgebiet. 1715 ließ er das Schloss Wagegg errichten, dem später ein Tierpark zugefügt wurde. Auf Bodmans Betreiben entstand auch das Schloss Grönenbach. Und zur Deckung des stiftischen Weinbedarfs wurde 1698 das Rebgut Lana in Südtirol erworben.

Die großen Bauvorhaben mögen Handel und Wandel im Stift belebt haben, erforderten aber andererseits, ebenso wie die aufwendige Hofhaltung, beträchtliche Steuermittel. Spannungen waren vorprogrammiert. Da gab es im Fürststift eine Art Vorparlament der Untertanen, die sogenannte „Landschaft", die allerdings im Wesentlichen nur beratende Funktion hatte. Nach der Stiftsverfassung durfte sie eine Kontrolle über die wirtschaftlichen Ressourcen des Landes ausüben. Und 1682 hatten Fürstabt und „Landschaft" einen Vertrag abgeschlossen, wonach die Untertanen eine Bürgschaft über 60.000 Gulden fürs Stift leisteten, um dem Fürstabt die Aufnahme einer Anleihe zu ermöglichen und für Zwecke der Bevölkerung eine Kasse anzulegen. Der Abt hob diesen Vertrag später wieder auf, desgleichen löste er anno 1689 auch die Ausschüsse der „Landschaft" auf, um unkontrollierten Zugriff auf die Kasse zu erhalten. Der Regierung des Fürstabtes wurden nun Missbräuche und Verschwendung zweckbestimmter Steuergelder vorgeworfen und ebenso, dass erneut freie Leute zu Leibeigenen erklärt worden seien. Verzweifelt wandten sich die Bauern an den Kaiser und pochten auf ihre früheren Verträge.

Der Prozess war schier endlos, und es gab etliche Festnahmen. Erst vier Jahre nach Bodmans Tod, 1732, kam er zum Abschluss: Die „Landschaft" wurde wieder in ihre vollen Rechte eingesetzt und musste bei allen Steuerfragen einbezogen werden.

Balthasar Waibel, weiland Rechtsrat der Stadt Kempten, verfasste 1861 über diesen Vorgang ein deftiges Büchlein, dessen Titel nichts zu wünschen übrig lässt: „Der Prozess der kemptischen Bauern gegen ihren Fürsten wegen schwerer Bedrückung und die Einkerkerungen, Hinrichtungen und Verbannungen wegen politischer Verbrechen im Jahre 1732." - Die Verbannungen und Hinrichtungen freilich dürften nach neuerer Darstellung Josef Rottenkolbers kaum mehr diesem Prozess zuzuordnen sein. Sie ereigneten sich nämlich erst 13 Jahre später, während 1732 kein einziger Führer der stiftischen Untertanen sein Vorgehen mit dem Leben bezahlen musste.

Ein besonderes Verdienst darf Rupert von Bodman im Hinblick auf den damals grassierenden Hexenwahn zuerkannt werden. Rund ein Jahrhundert vor der Verurteilung der letzten „Hexe" in Kempten lenkte Bodman im Auftrag des Kaisers fast drei Jahrzehnte hindurch auch die Geschicke der Grafschaft Vaduz und der Herrschaft Schellenberg. Der dortige despotische Herrscher, ein Graf von Hohenems, hatte zuvor, wohl um zusätzliche Einnahmen zu erzielen, rund 300 Menschen wegen Hexerei hinrichten lassen, deren Vermögen man dann konfiszieren konnte. Allein 1679/80 sollen dort 44 Angeklagte, übrigens mehr Männer als Frauen, getötet worden sein. Die furchtbaren Vorgänge wurden dem Kaiser gemeldet, und dieser bestellte den Kemptener Fürstabt zum kaiserlichen Kommissar. Bodman ließ ein Rechtsgutachten erstellen, wonach sämtliche Verfahren als rechtswidrig erklärt wurden. Der Fürstabt verbot jeden weiteren Prozess dieser Art, der Graf wurde inhaftiert, und das Leben jener, die man bereits der Hexerei verdächtigt hatte, war gerettet. Weiter regelte Rupert die Schuldenwirtschaft des Grafen und bemühte sich um den Verkauf des gesamten Gebietes an den Fürsten von Liechtenstein. In einem Beitrag in der „Allgäuer Zeitung" (16. November 1991) erläutert Rudolf Geiss diese Ereignisse und fügt hinzu: „Nicht zuletzt Bodman verdankt dieses Staatswesen somit seine Entstehung und seinen Fortbestand in Souveränität."

Nach Slawonien verbannt

Im August 1990 rollten serbische Panzer in das zu Kroatien gehörende slawonische Gebiet um Osijek ein. Die Kämpfe, die bis ins Jahr 1991 währten, gehörten zu den heftigsten des Unabhängigkeitskrieges. Die Berichte darüber wurden auch im Allgäu mit großer Anteilnahme verfolgt. Aber wohl kaum jemand mochte daran gedacht haben, dass unter den leidtragenden, dort wohnenden Menschen auch Nachfahren von Verbannten und Auswanderern aus dem Stift Kempten vermutet werden können.

Im Frühjahr 1745 nämlich wurden elf Bauersfamilien aus dem Stiftsgebiet wegen „Rebellion" zur Deportation nach Slawonien verurteilt, weitere vier Bauern sogar hingerichtet. Über die Art dieser Rebellion wird nichts Näheres vermeldet. Wohl aber sind die Namen der Bauern bekannt, die mit Frauen und Kindern den Weg in die Verbannung antreten mussten; die Familien kamen aus den Pfarreien Altusried, Dietmannsried, Kimratshofen und Reicholzried. Zwei der Bauern, Hans Georg Dorn aus Sommersberg und Gabriel Klucker aus Reicholzried, gelang unterwegs die Flucht. Man hat nie wieder etwas von ihnen gehört. Die anderen wurden nach Valpovo und nach Esseg gebracht. Esseg aber ist nichts anderes als das heutige Osijek. Etliche Stiftkemptener sollen, so Alfred Weitnauer 1936 im „Heimgarten", nach wenigen Jahren gestorben sein. Immerhin sind sechs Jahre später in beiden, einander fast benachbarten slawonischen Orten am Ufer der Drau Nachfahren der Familien Albrecht und Merk (beide aus Schieten), Denzel (aus Weitenau), Heyler (aus Schreiloch) und Eggensperger (aus Wetzleberg) bezeugt.

Das waren aber keineswegs die einzigen Leute aus dem Fürststift Kempten, die damals in und um Esseg/Osijek ihr Leben fristeten. Vielmehr hatten sich, gleichfalls 1745, noch acht weitere Männer aus dem Raum Kempten mit ihren Familien auf den Weg dorthin gemacht, und zwar freiwillig. Sie sollten in Slawonien angesiedelt werden und dort zur Hebung des Gewerbes beitragen.

Schloss Wagegg um 1500. Zeichnung von Eugen Felle von 1933.

Grundbücher fürs Fürststift

Der Nachfolger Bodmans, Anselm Reichlin von Meldegg (1728-1747), ist durch eine zukunftsweisende Maßnahme hervorgetreten. Er ließ 1738 die sogenannte „Landtafel" für das stiftkemptische Gebiet anlegen. Es handelte sich dabei praktisch um Schuld- und Hypothekenbücher, die man als Vorläufer des modernen Grundbuchs ansehen kann. Was dabei bemerkenswert ist: Es waren die ersten Hypothekenbücher für bäuerlichen Grundbesitz auf deutschem Boden überhaupt!

Derselbe Fürstabt schloss den sogenannten „Hauptrezeß" ab, der der Stiftsbevölkerung die Wahl der Vertrauensleute für die „Hochfürstliche Landschaft" zuerkannte und willkürlichen Besteuerungen ein Ende machte. Dieses fürs Stift grundlegende Gesetz blieb bis zur Säkularisation gültig. Und der Name „Leibeigene" fiel fortan weg, es wurde nur mehr von „Untertanen" gesprochen. Die „Landschaft" aber, das bäuerliche Vor-Parlament, welches zuvor an der Hohen Gasse getagt hatte, erhielt 1732 ein neues Gebäude, das heutige „Landhaus" am Residenzplatz.

Dabei war Anselm durchaus ein Herrscher des Absolutismus. Er hatte, vor Ende des oben erwähnten langjährigen Prozesses, mehrere Bauern einfach einsperren lassen. Unter seiner Regierung waren auch 1745 die harten Urteile gegen die „Rebellen" ergangen. Und er trieb jenen Aufwand, den damals ein souveräner Herr glaubte, beanspruchen zu können: Als Erbmarschall der Kaiserin reiste er mit 80-köpfiger Dienerschaft 1742 nach Frankfurt am Main zur Kaiserkrönung. Er belegte dort im Gasthof „Mennigen" nicht weniger als 52 Räume und ließ sie gehörig ausstatten.

In der heimatlichen Residenz in Kempten aber (der Hofstaat der Fürstäbte wurde in der Folge noch umfangreicher und zählte um das Jahr 1800 bereits 232 Personen) setzte er durch die Berufung von Franz Xaver Richter zum Vize-Stiftskapellmeister einen besonderen Akzent. Im Musikleben des Fürststifts wurde damit, wie Franz Krautwurst in der „Geschichte der Stadt Kempten" 1989 betont, die vielleicht glanzvollste Epoche eingeleitet.

Mittelpunkt des Fürststifts, die Kirche St. Lorenz.

Klingendes Kempten

„Er ... sah sich nach der Art des Preußenkönigs Friedrich II. als ersten Diener des Staates an. Sein Grundgesetz war auch: nichts durch das Volk, aber alles für das Volk." Mit diesen Worten charakterisiert Josef Rottenkolber den Nachfolger Anselms, Fürstabt Engelbert von Syrgenstein (1747-1760). Persönlich bescheiden und sparsam, lag diesem Fürsten andererseits wie seinen Vorgängern der Glanz des Stiftes am Herzen und hier insbesondere das kulturelle Leben: Das Fürststift sollte zu einem Musensitz werden. Sein Plan, zusammen mit den anderen schwäbischen Benediktinerklöstern in Kempten eine literarische Akademie der Wissenschaften zu gründen, war nahezu verwirklicht, als der Siebenjährige Krieg das Projekt zunichte machte.

Äußere Ereignisse seiner Amtszeit waren vor allem die Weihe der Stiftskirche St. Lorenz am 12. Mai 1748 und drei Jahre später der Kauf des Gutes in Härtnagel, wo ein Spital für Arme und Kranke eingerichtet wurde.

Kirchenmusik hat es im Stift Kempten seit jeher gegeben. Schon um 1500 war die damalige Stiftskirche mit zwei Orgeln ausgestattet, und der Konvent war bereits lange vor dem Dreißigjährigen Krieg um gute Musik bemüht. Der bedeutende holländische Komponist Jacob de Kerle widmete denn auch 1575 dem damaligen Fürstabt seine „Sacrae Cantiones".

Nach 1648 dauerte es zwar Jahrzehnte, bis sich wieder eine stärkere musikalische Tätigkeit entwickelte. Dann aber, freilich mit ausgelöst durch das Bemühen um höfische Repräsentation, wurden namhafte Komponisten und Musiker nach Kempten berufen. Hervorzuheben sind hier Valentin Molitor, Philipp Jacob

Baudrexel und vor allem, seit 1677, Thomas Eisenhuet.

Der wohl bedeutendste Stiftskapellmeister war der aus Mähren stammende Franz Xaver Richter, der 1740 nach Kempten kam. „Für die fürstäbtliche Residenz bedeutete seine Anwesenheit und sein Wirken einen Höhepunkt in ihrer musikalischen Vergangenheit, aber keineswegs den einzigen", formuliert Adolf Layer in seiner „Musikgeschichte der Fürstabtei Kempten" (1975). Der damalige Fürstabt Anselm hatte gefordert, das Trompeten- und Paukercorps zu erweitern und ein Hoforchester aufzubauen. So geschah es. „Richters frühe Sinfonien haben hier ihren Wurzelboden" (F. Krautwurst). Der Komponist wurde später zum maßgeblichen Mitbegründer der sogenannten „Mannheimer Schule".

Letzter fürstlicher Kapellmeister am Stift war Joseph Ignaz Bieling, Sohn des Kemptener Hoforganisten Franz Ignaz Bieling und Schüler Leopold Mozarts. Auch ihm wird ein vielseitiges kompositorisches Schaffen bescheinigt, wenngleich seine Werke noch bis vor wenigen Jahren weitgehend als verschollen galten. 1989 konnte Hans Gurski, Kirchenmusiker an St. Lorenz, nun in einer Festschrift („Die Kapellmeister am Stift Kempten") mitteilen, dass im örtlichen Stadtarchiv sowie in der Musikbibliothek des Klosters Einsiedeln etliche dieser Werke wieder ans Licht gekommen seien, Kammermusik, Antiphonen und anderes.

Eine Kuriosität am Rande: Der aus Grönenbach stammende Kemptener Baßsänger und Violoncellist Joseph Anton Fehr hinterließ am Ende des 18. Jahrhunderts neben weiteren Kompositionen auch eine Vertonung von Schillers Ode „An die Freude" - Jahrzehnte, bevor Beethovens 9. Symphonie entstand.

Vermutlich, so Adolf Layer, hat Fehr diese Ode in Kempten selbst gesungen...

Auch die Malerei erlebte im 17./18. Jahrhundert in Kempten eine Glanzzeit. An erster Stelle sei die Malerfamilie Hermann genannt, die vier Generationen hindurch im Dienste des Fürststifts stand, und ebenso die Maler- und Bildhauerfamilie Ertinger, die hier in drei Generationen wirkte.

Herausragend Franz Georg Hermann (1692-1768), dem, laut Albrecht Miller 1989 in der „Geschichte der Stadt Kempten", „... beim größten künstlerischen Auftrag, der in Kempten im 18. Jahrhundert zu vergeben war, die Ausstattung der fürstäbtlichen Wohn- und Prunkräume in der Residenz, die entscheidende Rolle zukam". Hermann zur Seite standen mehrere Wessobrunner Stuckateure, voran Hofstuckateur Johann Georg Ueblher, dazu u.a. der Maler Johann Martin Zick und der aus Antwerpen stammende Bildhauer Aegid Verhelst.

Zuvor hatte Fürstabt Rupert von Bodman entscheidende Impulse gegeben, als es in St. Lorenz um die Erweiterung der Seitenschiffe, um die Gestaltung des neuen Hochaltars und der Orgelemporen ging. Hierfür hatte Bodman vor allem den Architekten Johann Jakob Herkomer gewonnen.

Doch zurück zur Musik. Die reiche Kemptener Tradition hat in jüngster Zeit eine Renaissance erfahren. Zum einen finden seit 1984 regelmäßig ökumenische Kirchenmusik-Wochen und Orgelwochen statt; Solisten sowie Kirchenchöre und -orchester von St. Lorenz und St. Mang tragen mit der Aufführung vielfältiger Werke zur Gestaltung bei. Auch in den weiteren Gotteshäusern Kemptens, unter anderem in der Klosterkirche St. Anton, wird wertvolle sakrale Musik zu Gehör gebracht.

Ein düsteres Kapitel

Nun ein düsteres Kapitel Kemptener Stiftsgeschichte: Am 4. April 1775 wurde hier eine aus Lachen bei Memmingen stammende arme Dienstmagd, Anna Maria Schwegelin, als sogenannte „Hexe" zum Tode verurteilt. Fürstabt Honorius Roth von Schreckenstein hatte das Urteil mit seiner Unterschrift und dem Zusatz „Fiat Justitia!" bestätigt. Das ganze ist um so unverständlicher, als die Reihe der entsetzlichen Hexenprozesse und –verbrennungen längst abgeklungen war. Zudem hatte der Hexenwahn im Fürststift Kempten niemals jene Ausmaße angenommen wie in manch anderen Territorien im Umkreis. Hierfür (nach Weitnauers Chronik) einige Beispiele: 1575 in Memmingen zehn „Hexen", im Jahre 1590 viele weitere „Unholde" hingerichtet, 1591 in Kaufbeuren zehn, 1590/92 in Marktoberdorf 68, 1587/88 in Oberstdorf 21 (darunter ein Mann), zwischen 1657 und 1702 in Memmingen weitere drei (darunter ein „Hexer", den man lebendig einmauerte). Im Kemptener Stiftsgebiet hingegen lassen sich im ganzen „nur" drei „Hexen"-Verurteilungen finden. Und ein rundes Jahrhundert vor dem Schwegelin-Prozess hatte ja Fürstabt von Bodman in Liechtenstein dem verbrecherischen Aufspüren sogenannter „Hexen" ein rasches Ende gesetzt.

Anna Maria Schwegelin war einem Kutscher zuliebe, der ihr die Ehe versprochen hatte, protestantisch geworden; von ihm verlassen, wurde sie wieder katholisch, litt unter Angstzuständen und irrte, vermutlich bettelnd, herum. Schließlich kam sie ins stiftische Armen- und Arbeitshaus Langenegg bei Martinszell. Hier fiel sie einer Denunziation zum Opfer, aus der sich der Prozess entwickelte, in dem sie schließlich, an Leib und Seele zerbrochen, gestand, was immer man von ihr verlangte. Der offizielle Grund für das Todesurteil lautete dann auch: „Erwiesene Teufelsbuhlschaft."

In seiner Untersuchung „Anna Schwegele" weist Hansjörg Straßer 1985 darauf hin, dass noch das 1751 erschienene bayerische Strafgesetzbuch „Teufelsanbetung oder fleischliche Vermischung mit dem Teufel" unter die Strafe lebendiger Verbrennung gestellt habe. Den Fürstabt aber habe man letztlich als einzigen Richter im Lande ansehen können.

Andererseits ist kaum vorstellbar, dass dieser gebildete Mann wirklich noch an „Hexen" oder an eine „Teufelsbuhlschaft der Schwegele" glauben konnte. Derselbe Fürstabt hatte eine fortschrittliche Brandschutz-Verordnung fürs ganze Stiftsgebiet herausgegeben, er hatte die „Langen Stände" am Residenzplatz und die Orangerie am Hofgarten der Residenz bauen lassen. Was also mag der Grund für sein Verhalten gewesen sein? Straßer vermutet, Honorius Roth von Schreckenstein wollte mit dem Todesurteil dem „Bettlerunwesen" beggnen. Ähnlich Maximilian Walter in seiner Dissertation über das Füststift Kempten im Zeitalter des Merkantilismus („Allgäuer Zeitung" vom 11. April 1994): Honorius habe ein Fanal setzen wollen, um den Zustrom von Landstreichern und Bettlern einzudämmen.

Dem widerspricht Wolfgang Petz 1998 in seinem Buch „Zweimal Kempten – Geschichte einer Doppelstadt (1694-1836)": Die Schwegele sei keineswegs ein „Hungerflüchtling", sondern stiftkemptische Untertanin gewesen, und sie sei zum hilflosen „Opfer einer sich anbahnenden Konfrontation zwischen Aufklärern und Gegenaufklärern unter den Kapitularen und der Hofbeamtenschaft" geworden.

Aber wurde das Todesurteil wirklich vollstreckt? Weder ist ein Text über die Hinrichtung bekannt noch ein publizistisches Echo hierauf; die Originalakten des Prozesses wurden vermutlich im 19. Jahrhundert vernichtet. Bis vor kurzem lautete die landläufige Meinung, dass die gefolterte Frau am 11. April 1775 enthauptet und ihr Leichnam verbrannt wurde.

Schier als Sensation galt deshalb ein Bericht der „Allgäuer Zeitung" vom 16. Dezember 1995: Wolfgang Petz hatte im Sterberegister der Kirchenbücher von Sankt Lorenz den Vermerk entdeckt, dass eine „A. Maria Schwegelin" 1781 im örtlichen „Stockhaus" (so viel wie Zuchthaus), mit den Sterbesakramenten versehen, gestorben sei, also sechs Jahre nach jenem üblen Prozess! Hingegen findet sich im selben Sterberegister unterm Jahr 1775 kein Hinweis auf eine Enthauptung der Schwegelin, obgleich auch hingerichtete Personen gewöhnlich verzeichnet wurden. Laut Petz enthält zudem ein bisher unbeachteter alter Zettel auf der Rückseite eines im Allgäumuseum befindlichen Porträts eines Franziskaners aus der zweiten Hälfte des 18. Jahrhunderts die Nachricht: Auf Betreiben des franziskanischen Beichtvaters des Fürstabtes, P. Anton Kramer, sei eine Begnadigung erfolgt! – Nach all dem ist anzunehmen, dass die Hinrichtung unterblieb und die Schwegelin eines natürlichen Todes starb. Ausführlich behandelt Wolfgang Petz das Thema in seinem 2007 erschienenem Buch „Die letzte Hexe".

Immerhin bleibt die Tatsache, dass es sich in Kempten um den letzten, zumindest einen der letzten Hexenprozesse auf deutschem Boden überhaupt gehandelt hatte. Im deutschsprachigen Raum freilich, nämlich im Schweizer Städtchen Glarus, fand sogar noch später, anno 1782, ein Hexenprozess statt: Die Magd Anna Göldi wurde zum Tode verurteilt und das Urteil dann auch vollstreckt. Dieser Prozess fand übrigens vor einem protestantischen (reformierten) Gericht statt.

Auf das Schicksal der Maria Schwegelin wird bei Stadtführungen mit Laienschauspielern hingewiesen.

Kempten im langen 19. Jahrhundert

Die Franzosen kommen

Im Süden Kemptens, umgeben von einer modernen Siedlung, steht ein ehemaliges Bauernhaus, das seit zwei Jahrhunderten als „Franzosenhäusle" bekannt ist; man sagt heute meist „beim Franzosenbauer". Nun hat dieses Haus niemals ein Franzose bewirtschaftet. Vielmehr war es im Jahre 1800 Mittelpunkt eines Lagers einiger tausend französischer Soldaten aus der Provinz Vendée. Am 14. Mai 1800 war das Lager bei Haslach errichtet worden, und acht Wochen später, am 12. Juli, zogen die Soldaten wieder ab. An der Ostwand des unter Denkmalschutz stehenden Hauses befindet sich ein Bild, nach einem Aquarell des Kemptener Zeichenlehrers Ludwig Weiß angefertigt, das dieses Lager zeigt. Die kurze Episode aus den sogenannten Koalitionskriegen zwischen dem revolutionären Frankreich und den anderen europäischen Mächten hat dem Haus und seiner Umgebung den Namen gegeben.

Die ersten beiden Koalitionskriege (1792-1797 und 1798-1801) forderten Stadt und Stift Kempten wie dem ganzen Allgäu wieder einmal erhebliche Belastungen ab: Requisitionen, Kontributionen, fortwährender Durchzug und Unterbringung der verschiedensten Truppenverbände, Geschenkforderungen der Kommandeure... Wenigstens gab es im Kemptener Raum keine größeren Zerstörungen und Verluste unter der Bevölkerung, wenngleich so manche Schießerei.

Die Französische Revolution mit ihrem Ruf nach Freiheit, Gleichheit, Brüderlichkeit hatte freilich ihre Auswirkungen insbesondere auf die Bewohner des Stiftes. 1791 forderten die in der „Landschaft" ver-

Das Gemälde von Kaiser Napoleon Bonparte aus dem Jahr 1812 hängt in der National Gallery of Art in Washington.

tretenen Bauern mehr Freiheiten. Fürstabt Rupert von Neuenstein widersetzte sich zwar, gestand dann aber doch einige Verbesserungen zu, berichtet Alfred Weitnauer. Unter diesem Fürstabt war übrigens die Stiftsmälzerei erbaut worden, die nach einer grundlegenden Sanierung seit 1980 repräsentative Heimstätte der städtischen Sing- und Musikschule ist.

Im Stift gab es 1795 Unruhen, als 200 Mann zusätzlich für die Truppen des Reiches ausgehoben werden sollten. Die Bürgerwehr der Reichsstadt stellte damals ein 30 Köpfe zählendes Reiterkorps auf. Ein Jahr darauf floh der seit 1793 regierende Fürstabt Kastolus Reichlin von Meldegg vor den anrückenden Franzosen nach Reutte und weiter nach Stams. Etliche Kostbarkeiten der Residenz wurden vorsorglich mit abtransportiert. Ein seltsames Durcheinander prägte dann das Kriegsgeschehen in Stadt und Stift. Mal waren kaiserliche Soldaten, mal französische Revolutionstruppen, mal königstreue Franzosen des Prinzen von Condée („Condéer") in Kempten nichtzahlende Gäste. Mitunter mussten die Stadt- und Landkemptener sogar beide Parteien gleichzeitig beliefern.

Ein Vorgang nicht ohne Komik: Der französische General Tharreau wohnte während der Besetzung im Stift, seine Mannschaften waren in der Reichsstadt untergebracht. Am 28. August 1796 gab dieser „Patrioten"-General in der Residenz einen Ball, zu dem auch 120 Paare aus der Reichsstadt eingeladen waren; offensichtlich sympathisierten viele Kemptener mit den Revolutionären. Die fürstlichen Hofmusikanten mussten zu Tafel und Tanz aufspielen, und die fürstäbtlichen Diener hatten zu servieren; sie taten dies laut Alfred Weitnauer „mit saurer Miene". Es gab alles, was man sich denken konnte, kalte und warme Speisen, Obst, Backwerk, Konfekt in rauen Mengen und Getränke vom Champagner bis zur Feuerzangenbowle. Für die teure Hofhaltung der Franzosen hatten die Konventherren notgedrungen das Tafel- und Kirchensilber aus Reutte zurückholen und daraus Münzen prägen lassen.

Wenige Tage später wendete sich das Kriegsglück, und die „Kaiserlichen" rückten erneut in Kempten ein. Sie gaben am 18. September 1796 gleichfalls einen Ball in der Residenz, und zwar wiederum mit den Gästen aus der benachbarten Reichsstadt.

Im zweiten Koalitionskrieg sollten die Durchzüge und Einquartierungen schier kein Ende nehmen. Wer zählt die Völker, nennt die Namen: Da kamen Bayern, dann Österreicher, Schweizer, Franzosen, aber auch Russen, Tataren, Kosaken und Astrachaner; vorher waren Walachen aus Siebenbürgen hier gewesen. Plünderungen blieben nicht aus, vor allem in der Residenz. Mitunter waren in Kempten bis zu 24.000 Mann unterzubringen. Die finanziellen Belastungen wuchsen und wuchsen.

Andererseits hatte man doch auch einigen Spaß gehabt. Französische Soldaten gründeten in der Reichsstadt eine Société dramatique d'amateurs und spielten bei freiem Eintritt im Salzstadel. Allerdings musste eine Heizung eingebaut werden, die erste im heutigen Stadttheater. Die Kemptener setzten, nach dem Abzug der Revolutionstruppen, die Aufführungen fort; sie gründeten hierfür eine „Dramatische Liebhabergesellschaft".

Der Friede von Lunéville am 9. Februar 1801 brachte zwar das Ende der Feindseligkeiten, sollte aber für Stift und Stadt auch das Ende ihrer Selbständigkeit zur Folge haben.

Wir sind also bairisch...

„Wir sind also bairisch. Gott gnade uns allen." Diese im Allgäu berühmt gewordenen Sätze notierte Pfarrer Magnus Scharpf aus Thalhofen im heutigen Ostallgäu im September 1802 in sein Tagebuch. Ganz so arg hatte man die Dinge damals im Raum Kempten aber wohl nicht gesehen. Die Säkularisierung (Verweltlichung, Enteignung des Kirchenbesitzes) und die Mediatisierung (Aufhebung der Reichsunmittelbarkeit der Freien Reichsstädte) gingen durchaus friedlich vor sich. Im „Anschluss" an Bayern mochten vor allem Kemptener Gewerbetreibende sogar wirtschaftliche Vorteile erblicken. Und Josef Rottenkolber berichtet, die bayerischen Beamten hätten den Eindruck gewonnen, „...dass man in Kempten die Besitznahme durch Bayern mit einer gewissen Sehnsucht erwartet habe".

Noch aber war es nicht ganz so weit. Die großen Veränderungen hatten zwar bereits 1798 ihre Schatten voraus geworfen; damals meinte jedoch der Städtetag in Ulm, nur geistliche Gebiete würden betroffen sein, hingegen nicht die Reichsstädte. Versuche, im weiteren Verlauf der Dinge die Unabhängigkeit von Stadt und Stift zu erhalten, scheiterten. Der „Reichsdeputationshauptschluß" vom 25. Februar 1803 bestätigte endgültig, dass insbesondere Bayern, Württemberg, Preußen und Baden durch Eingliederung von Reichsstädten und geistlichen Territorien für den Verlust aller linksrheinischen Gebiete an Frankreich entschädigt werden sollten. Bayerns Kurfürst sollte danach mit 15 Reichsstädten und 13 geistlichen Fürstentümern bedacht werden, darunter dem Fürststift Kempten, dem Hochstift Augsburg sowie den Reichsstädten Kempten und Memmingen.

1802 kam, gleichsam als Vorbote der Neuordnung, der kurbayerische Major Roger von Ribaupierre nach Kempten und hörte sich hier um. Er berichtete dann nach München, dass alle Kemptener das bayerische Volk lieben würden, dass die „unbedeutende Stadt" nur durch die Vereinigung mit ihrer Umgebung emporkommen könne und dass Stadt und Stift in einer „wechselseitigen Antipathie" stünden. Gemeinsame Veranstaltungen würden aber dank „Verstellungskunst" nicht darunter leiden.

Am 2. September 1802 besetzten bayerische Reiter und Infanterie das Fürststift und die Stadt, am 30. November erfolgte schon die zivile Besitzergreifung, also noch vor dem Reichsdeputationshauptschluß. Geheimrat Christoph von Breuning verkündete vor der Residenz, dass das ganze stiftkemptische Land von Bayern übernommen werde. Die Erwartung, dass dem Kurfürsten damit ein reiches Land zufallen würde, täuschte allerdings. Wie die Abrechnung ergab, hatte das Stift fast zweieinhalb Millionen Gulden Schulden. In der Stadt Kempten war zugleich der bayerische Kommissar Oberamtmann Johann Paul Wilhelm von Werner am Werk. Bei der Übernahme fanden die korrekte Arbeit der Reichsstadt-Verwaltung und die Wirtschaftskraft der Bürgerschaft Anerkennung. Interessant übrigens, dass der genannte Christoph von Breuning keineswegs bayerischer, sondern bischöflich-augsburgischer Geheimrat gewesen war.

In dieser Zeit umfasste das Fürststift auf rund tausend Quadratkilometern neben der Stiftsstadt 45 Pfarreien mit sieben Marktflecken, 85 Dörfern, vielen Weilern und Einöden; dazu kamen Hofgüter, Schlösser, zahlreiche Seen und Wälder, Brauhäuser und weitere Gewerbebetriebe. Die Einwohnerzahl hatte

42.000 erreicht. Die engere Stiftsstadt bestand aus 330 Gebäuden mit rund 2.900 Menschen.

Josef Rottenkolber würdigt, dass die „Fürstäbte Großes geleistet" haben; aber in der Finanzverwaltung sei „alles bis ins Mark hinein faul" und das Stift „ein bankerotter Staat" gewesen.

Dennoch lässt sich kaum ermessen, was der Staat Bayern mit diesem Gebiet und seinen Schätzen gewonnen hatte. Schließlich war ein großer Teil der Schulden durch die zahlreichen kriegsbedingten Belastungen seit 1618 verursacht, und auch die Reichsstadt stand um 1800 mit über einer halben Million Gulden in der Kreide.

Mit der Benediktiner-Fürstabtei fielen die Franziskaner-Konvente in Heiligkreuz und Lenzfried ebenfalls der Säkularisation zum Opfer. Der Staat kassierte die Residenz und nutzte sie teils als Kaserne, teils als Behördensitz. Die lateinische Klosterschule wurde staatliches Gymnasium. Das Klosterarchiv kam nach München. Die Klosterbibliothek drohte zunächst zu vergammeln und wurde dann auf andere Büchereien aufgeteilt. Seen und Weiher des Stiftes wurden versteigert, desgleichen Mobiliar von Kloster und Residenz. Die Forsten (Kempter Wald!) wurden Eigentum des Staates. Kostbarkeiten aus der gleichfalls vom Staat übernommenen St. Lorenz-Kirche gelangten nach München. Ebenso wurden aus dem Malerei-Kabinett der Abtei die rund hundert wertvollsten Gemälde in die Landeshauptstadt transportiert, der Rest kam unter den Hammer. Schlösser wurden verkauft, so auch Schwabelsberg, das man dann abbrach und dessen Kirche man in ein Wohnhaus umwandelte.

Fürstabt Kastolus Reichlin von Meldegg wurde pensioniert, das gleiche galt für seine Dienerschaft, soweit sie nicht der Staat übernahm. Den letzten Hofnarren aber, Benedikt Grotz, wählten die Bewohner Waltenhofens zu ihrem ersten Bürgermeister.

Der Fürstabt starb wenig später, am 28. Mai 1804, und fand in der Gruft der St. Lorenz-Kirche seine Ruhestätte. Kurz zuvor hatte die Stiftsstadt noch ein bedeutendes neues Gebäude erhalten: Nikolaus Zumstein ließ 1802/03 am Residenzplatz das heute nach ihm benannte Haus erbauen.

Die Gesamtfläche der Reichsstadt betrug nicht einmal zwei Quadratkilometer; in 441 Häusern wohnten rund 3.150 Menschen. Allerdings befand sich hier ein vielfältiges, leistungsfähiges Gewerbe. Dazu besaß die Stadt acht Güter und etliche Grundstücke im Stiftsgebiet. Weitere acht Güter waren im Eigentum des städtischen Spitals.

Der Verlust der Hoheitsrechte der einstigen Reichsstadt muss den letzten amtierenden Bürgermeister, Johann Jakob von Jenisch, sehr hart getroffen haben. Er trat zurück, nach 37 Jahren Dienst für die Stadt, davon 18 Jahre als Bürgermeister.

Denkmal für einen Hofnarren.

Zweihundert gefallene Vorarlberger

„Hier liegen Vorarlberger, gefallen am 17.7.1809 im Kampf für ihre Freiheit gegen Franzosen und Bayern", steht unter einem Kreuz an einer Waldlichtung nahe Adelharz, an der heutigen südlichen Stadtgrenze Kemptens. Eine Tafel daneben erläutert das damalige Geschehen. Im engeren Umfeld entdeckt der Spaziergänger einige kleinere Steine, jeweils mit dem Vermerk „Vorarlberger Gräber" versehen. Die Anlage, zu der auch ein Gedenkstein unterm Doppeladler mit den Namen von 43 in beiden Weltkriegen gefallenen Österreichern gehört, wurde vom Österreicher-Verein Kempten gestaltet und ist sorgfältig gepflegt.

Wie kam es dazu, dass Vorarlberger und Bayern sich hier bei Kempten ein blutiges Gefecht lieferten?

Zunächst, 1803, war das nun bayerische Kempten, genauer gesagt, die Residenz, für ein paar Monate Sitz einer provisorischen Provinzialregierung gewesen, deren Bezirk sich bis an den Bodensee und nach Illertissen erstreckte. 1804 wurde in Kempten das Landgericht gebildet. Inzwischen war die vormalige Reichsstadt so knapp bei Kasse, dass sie etliche Liegenschaften und Gebäude, u.a. das Münzhaus, verkaufte. Der bayerische Staat wandelte einen Teil des Hofgartens hinter der Residenz in einen Exerzierplatz um.

1805 endete der dritte Koalitionskrieg, in dem Bayern Bundesgenosse Frankreichs war, mit dem Frieden von Preßburg. Als Anerkennung für seine Treue zu Frankreich bekam Bayern ganz Tirol und Vorarlberg, einschließlich der bisher gleichfalls zu Österreich gehörenden Herrschaft Hohenegg mit Weitnau und Weiler, zuerkannt und wurde nun Königreich. Französische Truppen zogen 1806 durch Kempten zum Krieg gegen Preußen. Ein Jahr später wurde in Bayern Bürgermilitär ins Leben gerufen; für Kempten bedeutete das vier Kompanien nebst Kavallerie-Eskadron in der einstigen Reichs- und drei Kompanien in der ehemaligen Stiftsstadt.

1809 erklärte Österreich Frankreich den Krieg. Zugleich erhoben sich, dem österreichischen Aufruf folgend, die Tiroler unter Andreas Hofer und die Vorarlberger unter dem aus Trogen bei Weiler stammenden Anwalt Dr. Anton Schneider gegen die Franzosen und Bayern. Sie errangen beträchtliche Erfolge, zumal man im bayerischen Allgäu mit ihnen nicht selten sympathisierte.

Doch das Ringen verlief wechselhaft. Am 4. Mai 1809 marschierten 800 Tiroler mit fliegenden Fahnen in Kempten ein, blieben aber, auf das Gerücht heranziehender Feinde, nur einen Tag. Am 8. Mai rückten dann gar 2.500 Tiroler in Kempten an, österreichische Dragoner und Vorarlberger kamen dazu. Die Kemptener Bürgerwehr dachte nicht daran, Widerstand zu leisten! Die Besatzer erwiesen sich allerdings als wenig freundlich. Sie drohten, die Stadt anzuzünden, wenn man ihre Forderungen nicht erfüllte. Und die waren nicht zu knapp: rund 1.500 Gewehre, je zehn Zentner Pulver und Blei, Mengen von Getreide und Schuhen, dazu 2.000 Gulden. Außerdem ließen sie sich beschlagnahmte Salzvorräte bar bezahlen und ebenso die Tatsache, dass sie von einem Abbruch der einst stiftischen Brauerei absahen. Als sie, wieder auf die drohende Ankunft feindlicher Truppen hin, schließlich am 14. Mai 1809 das Weite suchten, nahmen sie die Kiste mit der fürstäbtlichen Münzensammlung mit, die bei der Säkularisation vergessen worden war (Andreas Hofer soll später eine dieser Münzen erhalten haben), sowie drei weitere Kisten mit Akten und der Kreiskasse.

Nach einem Gefecht bei Buchenberg vereinigten sich in Kempten am 17. Mai 1809 württembergische, französische und bayerische Truppen. Ende Mai unterwarfen sich die Vorarlberger, und am 27. des Monats, des Königs Geburtstag, fanden in Kempten Festgottesdienste, eine Militärparade und ein Ball statt.

Wenige Tage später gab es eine erneute Volkserhebung; zweimal gelangten Vorarlberger in den Raum Kempten. Am 19. Juni griffen Bauern aus dem Bregenzerwald, unterstützt von Bauern aus Sonthofen und Weiler, die Stadt an, wurden aber von französischer Kavallerie vertrieben.

Am 16. Juli versuchten es die Vorarlberger, nunmehr 20.000 Mann stark, zum letzten Mal. Von Immenstadt her traten sie den Marsch nach Kempten an und wollten die Stadt von drei Seiten umklammern. Am Morgen darauf machte eine Attacke französischer und bayerischer Truppen ihrem Plan ein blutiges Ende: Die Verbündeten packten das Zentrum der Vorarlberger im Bereich des Weißholzes und bei Adelharz von hinten und zwangen die Aufständischen zur Flucht. Rund 200 Vorarlberger fanden bei diesem Gefecht den Tod.

Der Aufstand der Tiroler und Vorarlberger aber brach 1809/10 endgültig zusammen.

Gottesdienst bei den Vorarlberger Gräbern.

Neun Jahre Hauptstadt

Inzwischen hatte es Kempten zu noch größerer politischer Bedeutung gebracht. Die „Schwäbische Provinz" Bayerns wurde 1808 in drei Kreise eingeteilt; darunter befand sich der Illerkreis mit Kempten als Hauptstadt. Ab 21. Juni 1808 amtierte der Generalkommissar für diesen Kreis in der einst fürstlichen Residenz. Der Illerkreis, zu dem Vorarlberg und das heute württembergische Allgäu gehörten, war nun schon viel mehr als der vergleichsweise kleine Regierungsbezirk von 1803. Damit nicht genug: 1810 wurde der benachbarte Lechkreis aufgelöst und dadurch der Illerkreis nochmals vergrößert.

Heute kaum mehr vorstellbar: Kempten, das noch immer aus zwei Städten bestand, war mit seinen insgesamt rund 6.000 Einwohnern die Metropole eines Gebietes von über 350.000 Seelen, vom Montafon (südlichster Punkt: der Piz Buin) bis fast vor die Tore Ulms und Augsburgs, vom Bodensee bis jenseits des Lechs! Dazu gehörten nämlich u.a. Buchhorn (das heutige Friedrichshafen), Ravensburg, Tettnang und Wangen, Bregenz, Dornbirn, Feldkirch und der Bregenzer Wald, Immenstadt, Füssen, Schongau, Vils, Marktoberdorf, Kaufbeuren, Ottobeuren, Memmingen…

Aber diese Herrlichkeit währte nur kurz. Zunächst, noch 1810, fielen die heute württembergischen Flächen weg (die Grenze zwischen Bayern und dem Nachbarland wurde etwa so festgelegt, wie sie jetzt verläuft). Dann, 1814, kamen Vorarlberg und Tirol wieder zu Österreich, und 1817 schließlich wurde der verbliebene Rest des Illerkreises dem Oberdonaukreis zugeschlagen. Damit war Augsburg Sitz der zentralen Behörde und ist es auch heute noch. Für Kempten war der Traum des Hauptstadt-Daseins ausgeträumt. Der wirtschaftliche Schaden dieser politischen Neuordnung war für die Bürger, fürs Gewerbe, freilich nicht gering zu veranschlagen.

Mit den Generalkommissaren des Illerkreises hatte Bayern bzw. Kempten allerdings wenig Glück gehabt. Der erste, Balthasar von Merz, war korrupt und wurde 1809 seines Amtes enthoben. Der zweite, Karl August Graf von Reisach, fand anfangs Anerkennung. Aber vier Jahre später brachten ihn Urkundenfälschung und Korruption ebenso zu Fall. Er flüchtete kurzerhand. Erst der dritte Kommissar, Joseph von Stichaner, waltete seines Amtes einwandfrei.

Der Illerkreis in einer Karte vom Königreich Bayern aus dem Jahr 1808.

Feindliche Brüder zwangsweise vereint

Ob Hauptstadt oder nicht - die Eigenständigkeit zweier Städte, die beide Kempten hießen und buchstäblich aneinander grenzten, konnte nicht mehr von Dauer sein. Freilich war der Weg lang und beschwerlich. Aber einen Anfang gab es schon 1808. Damals wurde eine gemeinsame Polizeiverwaltung errichtet, und das war, wie Franz-Rasso Böck in der Geschichte der Stadt Kempten von 1989 schreibt, „... nicht nur das erste Etappenziel auf der langen Vereinigungsstrecke, sondern auch ein entscheidender Ansatzpunkt für die spätere Bewältigung der wirtschaftlichen Schwierigkeiten und für die Konsolidierung der Finanzen". Schließlich bestand die Antipathie zwischen den Bürgern beider Städte zunächst weiter; Argwohn und „Mangel an Kompromissbereitschaft" konnten nicht von heute auf morgen verschwinden.

Inzwischen hatte Martin Leichtle das stiftkemptische Brauhaus gepachtet (wenige Jahre später erwarb er es). Die Stiftungen der ehemaligen Reichsstadt waren neu geordnet. Am schlimmsten war die Situation im Waisenhaus gewesen. J. Rottenkolber: „Das Haus war zugrunde gerichtet, das Vermögen verschwunden, die Bildung der Kinder an Geist und Körper verwahrlost, die Ökonomie zerrüttet, und die Rechnungen waren nicht in Ordnung."

Ende Mai 1807 war nach dem Rücktritt von Leonhard Fehr ein neuer Bürgermeister gewählt worden. Und zwar hatten die Bürger aus vier Stadtvierteln zunächst je sechs Wahlmänner berufen, diese 24 wählten dann drei geeignet erscheinende Kandidaten, und aus diesen wiederum benannte der Verwaltungsrat Wolfgang Jakob Stadtmüller zum Stadtoberhaupt.

Ein wichtiges Ereignis 1807 war die Aufhebung der Leibeigenschaft in ganz Bayern und damit auch im Gebiet des ehemaligen Fürststifts Kempten.

Die wirtschaftlich ungesunde Situation in der einstigen Reichsstadt wird aus einer Gewerbestatistik jener Tage deutlich. Für die fast 3.000 Einwohner mit knapp 500 Familien waren die meisten Gewerbe übersetzt. Es gab beispielsweise 20 Bäcker und 34 Metzger, umgerechnet also für je 25 Familien einen Bäcker und für nur 15 einen Metzger! Ähnlich das Verhältnis bei den 23 Schuhmachern. Ein Buchdrucker, zugleich Buchhändler, war in der Stadt, und zehn Weinwirtschaften bestanden. Daneben zählte man u.a. 56 Weber und 35 Großhändler und Handelsleute.

1809 erhielt die frühere Reichsstadt (später meist „Altstadt" genannt) ihre erste Straßenbeleuchtung mit insgesamt neun Laternen. Die evangelischen Pfarreien des bayerischen Allgäus wurden unter die Dekanate Kempten und Memmingen aufgeteilt. Die Stiftsstadt (künftig als „Neustadt" bezeichnet) erreichte an Einwohnerzahl allmählich die Altstadt.

Ein Jahr darauf machte die von Napoleon verhängte allgemeine Kontinentalsperre gegen England den Kemptenern zu schaffen. Eine Hausdurchsuchungs-Aktion förderte bei etlichen Kaufleuten erstaunliche Vorräte an englischen Waren zutage. Zum Ärger der Bevölkerung mussten all diese Güter auf der Schwaigwiese (heute Königsplatz) verbrannt werden.

Am 25. Januar 1811 befahl die bayerische Regierung, die beiden Kempten zu einer sogenannten „Munizipalgemeinde" zu vereinen, und auf weiteren Befehl musste das 1443 erbaute Klostertor, das zwischen den feindlichen Brüdern stand, unverzüglich abgebrochen werden. Anstelle eines Bürgermeisters verwalteten nun vorerst ein Administrator der Regierung und ein gewählter Munizipalrat die Doppelstadt.

So ganz klappte die Union allerdings noch lange nicht. Drei Jahre hindurch wurden weiterhin für jede bisherige Stadt die Rechnungen getrennt geführt; erst 1813/14 erfolgte hier auf allerhöchsten Befehl eine Zusammenlegung. Der Etat wies dann ein so erhebliches Defizit auf, dass begonnene Baumaßnahmen eingestellt werden mussten. Um das noch immer verbleibende Minus auszugleichen, sollte ein Mehlaufschlag erfolgen. Hiergegen aber wehrten sich die beiden Munizipalräte der Neustadt erfolgreich. Bis 1818 gelang es dennoch, die Finanzen zu ordnen.

Neue Kriegsschrecken: 1812 erfolgten die Rekrutierungen für den Rußlandfeldzug Kaiser Napoleons. Wenige Monate später war die bayerische Armee praktisch vernichtet. Schon vor Jahresende kehrten die ersten Rückzügler aus dem für Frankreich verlorenen Krieg ins Allgäu heim. Die Bilanz des Feldzugs für die engere Heimat: Aus der katholischen Pfarrei St. Lorenz waren 13 Männer, aus der evangelischen Pfarrei St. Mang sogar 15 in Russland gefallen, gestorben oder für immer vermisst. Am 13. Juni 1813 gaben die Musikfreunde Kemptens im Landhaussaal ein öffentliches Konzert, dessen Erlös von über 400 Gulden der Versorgung Verwundeter zugute kam.

1814 wurden die Galgen an der Memminger Straße (Neustadt) und Kaufbeurer Straße (Altstadt) versteigert. Dann sollte die Burghalde, beliebter Jugendspielplatz und zudem Exerzierfläche fürs Bürgermilitär, gleichfalls unter den Hammer kommen. Hier zeigten sich aber Rat und Bürger schier entsetzt, und namens der Stadt kaufte Stadtrat Bachthaler für 200 Gulden die Burghalde dem Staat ab. Eine höhere Bürgerschule wurde in Kempten errichtet, und die Theater-Liebhaber-Gesellschaft der Altstadt erwarb die Bühneneinrichtung der Residenz.

1813 hatten die Befreiungskriege begonnen. Bayern, zunächst noch an der Seite Napoleons, schwenkte acht Tage vor der Völkerschlacht bei Leipzig um, die patriotische Stimmung richtete sich gegen Napoleon. In Kempten wurde ein Freiwilligen-Bataillon der „Mobilen Legion des Illerkreises" aufgestellt. Und als nach Ende aller Feindseligkeiten die siegreichen Truppen am 6. Dezember 1815 heimkehrten, war der Jubel beim Empfang auf dem Residenzplatz groß.

Letzte Entscheidungen zur Vereinigung von Alt- und Neustadt fielen 1818 durch eine erneute Anordnung des Staates. Kempten sollte das Stadtrecht zweiter Klasse erhalten, ebenso wie Kaufbeuren und Memmingen, während Füssen und Immenstadt in die dritte Klasse fielen. Es gab in Bayern nämlich ein Drei-Klassen-System, das sich nach der jeweiligen Zahl der Familien richtete.

Nun erhielt Kempten einen frei gewählten Magistrat mit einem Bürgermeister (Georg Matthias von König) an der Spitze, mit einem rechtskundigen Rat (Felix Zimmermann), einem Stadtschreiber und acht Magistratsräten. Dazu trat ein gleichfalls frei gewähltes Kollegium von 24 Gemeindebevollmächtigten. Vorstand dieses Kollegiums wurde der Großhändler Johann Jakob von Jenisch.

Und weil sich´s so gehört, bekam die Stadt auch ein neues, gemeinsames Wappen mit einem an die Reichsstadt gemahnenden halben Adler auf dem Schild und mit einem roten Turm, der auf das Kloster der Stiftsstadt hinweisen soll. Zu Stadtfarben wurden 1887 Schwarz und Weiß bestimmt.

Wermutstropfen bei der Vereinigung war am 4. Juni 1818 die Abtrennung der sieben Jahre zuvor zunächst eingemeindeten ländlichen Gebiete von der Stadt.

Die Bereiche westlich der Iller wurden zur Gemeinde Sankt Lorenz, jene östlich des Flusses zur Gemeinde Sankt Mang zusammengefasst.

Es sollte anderthalb Jahrhunderte dauern, bis diese Gebiete wieder zur Stadt kamen. Und es sollte fast ebenso lange währen, bis die letzten Animositäten zwischen den Bürgerinnen und Bürgern der Alt- und der Neustadt endgültig der Vergangenheit angehörten.

Die gewerblichen Zünfte von Alt- und Neustadt zum Beispiel blieben trotz einer Regierungsforderung zum Zusammenschluss im Jahre 1825 noch lange getrennt. Erst 1848 erfolgte die Gründung eines gemeinsamen Gewerbevereins. Und erst 1844 wurde die Zollgrenze zwischen den beiden Kempten aufgehoben, an der weiterhin Zolleinnehmer beider Seiten tätig gewesen waren. Ja, die Zusammenlegung der Wochenmärkte von Alt- und Stiftsstadt zog sich sogar bis 1870 hin, und die Schützenvereine vereinigten sich glücklich 1884!

Alfred Weitnauer bringt in seiner Allgäu-Chronik für 1860 folgende Anekdote: In einem Wirtshaus in den USA sitzen zwei Männer an einem Tisch und erkennen einander an der Sprache als Deutsche und Schwaben. „Meine Wiege hat in der Neustadt Kempten gestanden", sagt der eine. „Und ich", meint der andere, „stamme aus der Altstadt Kempten." Darauf der erste: „Dann wären wir also beinahe so etwas wie Landsleute..."

Josef Rottenkolber meinte 1935: „Was die Stadt an Selbstständigkeit einbüßte, das wurde reichlich aufgewogen durch die mustergültige Organisation ihres Gemeinwesens."

Nach ruhigen Jahren Sturm 1848

Ein paar offenbar ruhige Jahre zählen in der geschriebenen Geschichte der Stadt leider wenig, obgleich nach 1818 in und um Kempten doch allerlei geschah. Die Distriktstraße nach Memmingen wurde gebaut, das Heidentürmlein abgerissen (so genannt, weil es angeblich auf römischen Mauerresten erbaut war; heute erinnert nur noch das Heidengässele daran), der „Altstädtische Fischereiverein" gegründet und der „Liederkranz", ebenso einige Jahre später der „Bürgersänger-Verein" und die „Liedertafel". An der Memminger Straße wurden 1835/41 das Distriktspital (das spätere Kreiskrankenhaus) und 1839 das katholische Waisenhaus errichtet. Kaspar Honegger, Schweizer Erfinder des mechanischen Webstuhls, erwarb in Kottern die seit 1477 errichteten Papiermühlen und wandelte sie in eine mechanische Spinnerei und Weberei um.

Das Distriktspital an der Memminger Straße.

Mit den Ereignissen der Jahre 1848/49 und dem neu gewonnenen politischen Bewusstsein der Bürger ist in Kempten und im Allgäu der Name Balthasar Waibel aufs Engste verknüpft. Waibel hatte sich 1821/30 als rechtskundiger Magistratsrat u.a. um ein verbessertes Polizeiwesen und um die Gründung einer Stiftung zur Fürsorge für verwahrloste Kinder besonders bemüht. Sein kompromissloses Eintreten für eine saubere Verwaltung blieb allerdings nicht ohne Folgen: „Bei einem streng rechtlichen Charakter konnte es nicht ausbleiben, dass er sich viele Gegner machte" (J. Rottenkolber). Er ließ sich 1830 pensionieren. 1831 sammelte er gemeinsam mit Gymnasialprofessor Johann Baptist Haggenmüller Unterschriften gegen eine Wiedereinführung der Pressezensur und gegen den Ausschluss von fünf freisinnigen Abgeordneten aus dem Landtag.

In Flugschriften geißelte Waibel dann 1841 Missstände in der Kemptener Stadtkasse mit der Folge, dass ein belasteter Rechtsrat den Tod in der Iller suchte. Der Magistrat stellte Waibel in der Verwaltung an, und dieser entwickelte erneut vielfältige Initiativen, vom Wasserleitungsbau bis zum Uferschutz, und sorgte im Verwaltungs- und Rechnungswesen für peinliche Ordnung.

In Kempten wurde Balthasar Waibel zum Motor der liberalen Bewegung 1848. Im März des Jahres übernahm er die Schriftleitung der seit 1784 im Verlag von Tobias Dannheimer herausgegebenen „Kempter Zeitung" (anfangs „Neueste Weltbegebenheiten"). In seinen Beiträgen nahm er kein Blatt vor den Mund; die Zeitung wurde zum Kampforgan für Liberaldemokraten und Republikaner, richtete sich gegen „Rückwärtslinge und Finsterlinge", „Süßlächler und Leisetreter".

Noch im April entwickelten sich politische Parteien; in Kempten die demokratische unter Waibel, demgegenüber die konservative unter Bürgermeister Dr. Karl Karrer. Waibel gründete den „Bürgerverein", später „Volksverein" genannt, der sich im Gasthaus „Stadt Hamburg" zu treffen pflegte, und organisierte einen Turnverein zur vormilitärischen Ausbildung der Jugend. Bei Johann Huber, dem Eigentümer der Kösel-Druckerei, erschienen als Gegenpol zur „Kempter Zeitung" die „Konstitutionellen Blätter aus dem Allgäu" (ab 1853 „Allgäuer Zeitung").

Balthasar Waibel

Bei der Wahl zur Frankfurter Nationalversammlung kam Johann Baptist Haggenmüller, Verfasser der „Geschichte der Stadt und der gefürsteten Grafschaft Kempten" aus den Jahren 1840/47, zum Zuge. Er galt als liberal gesonnen und als Freigeist. Über das Frankfurter Geschehen, die Debatten in der Paulskirche, berichtete er in der „Kempter Zeitung".

Es blieb nicht bei dem einen „Volksverein". Vielmehr bildeten sich gleiche Gruppen im ganzen Allgäu; die meisten schlossen sich Anfang 1849 dem Kemptener Verein an. Im Oktober 1848 wurde Balthasar Waibel in den Landtag gewählt. Kempten aber wurde zum Brennpunkt der liberalen Bewegung. In der Magistratswahl 1848 gewann der liberale Brauereibesitzer Johann Schnitzer gegen Dr. Karrer. Auch in der evangelischen Pfarrei St. Mang gärte es. Der 1848 hier eingesetzte Vikar Ernst Krauß aus Augsburg versuchte als Mitglied des Volksvereins, die Demokratisierung des politischen und kirchlichen Lebens durchzusetzen. Die Altstadt-Bürger waren liberalem Gedankengut gegenüber recht aufgeschlossen. Heinz Schauer meint im „Allgäuer Geschichtsfreund" 1985, der revolutionäre Elan habe 1849 die ganze Gemeinde in Unruhe gebracht.

Zu Massendemonstrationen kam es im Allgäu, als Bayerns König die Frankfurter Reichsverfassung ablehnte. Am 6. Mai 1849 fand auf dem Kemptener Holzplatz eine Kundgebung von über 10.000 Menschen mit Abordnungen von 35 Allgäuer Volksvereinen statt, in der gegen die bayerische Regierung protestiert und eine von Waibel verfasste Adresse an die Nationalversammlung unterzeichnet wurde. Geschütze donnerten Salut, schwarzrotgoldene Fahnen wehten. Radikale hofften bereits, die Soldaten an sich zu ziehen und von Kempten aus einen allgemeinen Aufstand ins Werk zu setzen (Rottenkolber); die im Februar zum Schutz der Ordnung gegründeten Freikorps tendierten ohnehin nach „links".

Dann schlug alles um. Ein Aufruf zur allgemeinen Volksbewaffnung fand wenig Anklang. Kempten und das Allgäu standen bei der Regierung im Ruf eines Demokratenherdes. Die Frankfurter Nationalversammlung zerfiel; nur kurz tagte noch, mit Haggenmüller, in Stuttgart ein Rumpfparlament. Kemptens Landrichter meldete nach Augsburg, die Garnison bräuchte dringend Verstärkung.

Vikar Ernst Krauß wurde seines Amtes enthoben und ausgewiesen, er ging in die Schweiz. Am 30. Mai 1849 besetzte General Georg Friedrich von Flotow mit 11.000 Mann regulärer Truppen Kempten und marschierte am 1. Juli desselben Jahres auch in Immenstadt ein. Unter dem Druck des Militärs erstickte die politische Tätigkeit der Volksvereine. Am 23. Juli kam

König Max nach Kempten; die Stadt war geschmückt, die Glocken läuteten.

Durch den Trick, die Wahlkreise neu abzugrenzen, unterlagen bei der Wahl am 24. Juli 1849 die linksliberalen Kandidaten. Die Mehrheit der Kemptener freilich blieb weiter demokratisch-liberal eingestellt. Johann Baptist Haggenmüller, zunächst in Augsburg inhaftiert, wurde dank einer Amnestie wieder auf freien Fuß gesetzt. Die Kemptener fuhren ihm mit 50 Schlitten bis Börwang entgegen, und in der Stadt empfingen ihn mehrere hundert Bürger mit Hochrufen.

Balthasar Waibel kam mit einem blauen Auge davon, wurde aber, aus Sorge vor politischen Repressalien, aus dem städtischen Dienst entfernt. Er starb 1865.

Die Volkserhebung in Kempten und im Allgäu war vorüber. Franz-Rasso Böck hat sie 1989 in der Geschichte der Stadt Kempten charakterisiert als „ein letztes Stakkato jahrzehntelang aufgestauter Emotionen der Bürgerschaft".

Das Eisenbahnzeitalter begann in Kempten 1852.

Mit Frack und Zylinder

Am 1. April 1852 hatte Kempten einen großen Tag: Um 12.14 Uhr fuhr der erste Eisenbahnzug in den frisch erbauten Bahnhof ein. Lokomotivführer und Heizer trugen als Dienstkleidung Frack und Zylinder, und die Fahrgäste in den offenen Wagen hatten rote Schirme erhalten, um sie vor Regen und Funken zu schützen, erzählt Alfred Weitnauer. Zur Sicherheit, falls doch Feuer durch Funkenflug ausbrechen sollte, stand in jedem Wagen ein großer, mit Wasser gefüllter Holzkübel bereit.

Die erste Bahnlinie Deutschlands, Nürnberg-Fürth, war 1835 in Betrieb gegangen. Schon ein Jahr darauf wurden Pläne geschmiedet, dem „Feuerroß" einen Weg von Augsburg über Kempten nach Lindau zu bahnen. Aber erst mehrere Jahre später wurde es mit

1902 fuhr die Familie Kesel das erste Auto.

dem Bau ernst. 1847 war der Abschnitt Augsburg-Kaufbeuren fertig, zugleich schlug man hart südlich der Altstadt über die Iller eine Bahnbrücke. Sie galt als ein Wunderwerk der Technik und höchste Eisenbahnbrücke Bayerns überhaupt.

Die Kemptener, anfangs etwas besorgt, weil der Bahnhof doch recht weit vom Stadtzentrum entfernt erschien, bemühten sich mit Bürgermeister Sebastian Arnold jedoch nach Kräften um weitere Bahnverbindungen. Zunächst wurde nach Süden weitergebaut. 1853 war die Strecke bis Immenstadt fertig; der Zug brauchte dorthin ab Kempten 50 Minuten, die Postkutsche hingegen soll an die sechs Stunden benötigt haben! Der interessante Vorschlag, die Gleise über den Fernpass mit Anschluss an die Brennerbahn weiterzuführen und damit einen alten Handelsweg gleichsam neu zu erschließen, stieß in München allerdings nicht auf Gegenliebe. Dort zog man es, wohl aus Konkurrenzgründen, vor, es bei der Strecke Augsburg-München-Kufstein-Innsbruck zu belassen.

1863 war die nächste Bahnlinie, von Ulm nach Kempten, fertig. Am 1. Juni wurde der Abschnitt Memmingen-Kempten feierlich dem Verkehr übergeben, und 1895 folgte die weitere Strecke von Kempten nach Pfronten-Ried.

Eine Spätfolge der Bahn war der Rückgang des Speditionsgewerbes in Kempten. Vor allem aber war die einst bedeutende Illerflößerei nach Ulm betroffen. Allein 1869 sollen es noch rund 3.200 Flöße gewesen sein! Angesichts günstigerer Bahntarife schlief die Flößerei immer mehr ein.

Den alten Kopfbahnhof, in dem sich zunächst auch die Post befand, erweiterte man 1887/88, und 1904 entstand nahe dem Bahnhofsgebäude ein neues Postamt (heute Sitz von „Sozialbau Kempten").

Um die Jahrhundertwende schon wurde der Plan aktuell, weiter südlich anstelle des Sackbahnhofs einen modernen Durchgangsbahnhof zu errichten. Hiergegen protestierten die Kemptener heftig. Sie fürchteten, dass wegen der größeren Entfernung nur noch wenige Fremde in die Stadt kommen würden; schließlich erfreute sich das Allgäu seit etwa 1870 eines zunehmenden Urlauberverkehrs. Die Folge allerdings: Immer mehr Fernzüge liefen überhaupt nicht mehr in den Hauptbahnhof ein, sondern wurden über den Vorortbahnhof Hegge weitergeleitet. Ein gesonderter Zubringer musste von dort die Verbindung mit Kempten herstellen. Dieses umständliche Verfahren hatte erst mit Eröffnung des heutigen Durchgangsbahnhofs 1969 ein Ende.

Die genannte erste Iller-Bahnbrücke hatte übrigens schon kurz nach der Jahrhundertwende ausgedient und wurde Straßenbrücke. 1904 und 1906 nämlich wurden hart südlich davon zwei neue Bahnbrücken über den Fluss gebaut; beide sind so dauerhaft konstruiert, dass die eine heute den gesamten Zugverkehr aufnimmt und die andere nach einer Verbreiterung der Decke den autobahnmäßig gestalteten Mittleren Ring. Die alte, hölzerne König-Ludwig-Brücke aber wurde als technisches Denkmal sorgfältig restauriert und 1988 für Radfahrer und Fußgänger freigegeben. Seit 2013 jedoch ist die Brücke wegen verfaulender Holzbalken wieder gesperrt.

Der Ausbau des Schienennetzes fand 1909 mit der Voralpenbahn von Kempten in Richtung Sibratshofen bzw. nach Isny seinen Abschluss. 1984 wurde diese Verbindung zum Leidwesen der Bevölkerung stillgelegt. Letzte Bemühungen, sie als „Wanderbahn" zu erhalten, scheiterten, da nach Auffassung der Bundesbahn die nur schwache Frequenz den erforderlichen Aufwand nicht gerechtfertigt hätte. Heute dient die Trasse bis nach Weitnau als Rad- und Wanderweg.

Nach dem Bau des neuen Durchgangsbahnhofes 1969 aber ist auch die Post der Bahn gefolgt und hat im Süden der Stadt ihr neues Hauptamt errichtet.

Als weiteres modernes Verkehrsmittel, nach der Eisenbahn, hielt 1902 in Kempten das Automobil seinen Einzug. Damals wurde für Ingenieur Georg Kesel das erste Fahrzeug zugelassen, ein Mercedes-Benz des Modells 1898. Bereits 1904 fand hier die erste größere Automobil-Ausstellung Schwabens statt.

Schon lange zuvor war im 19. Jahrhundert das Veloziped modern geworden. 1880 begann in Kempten die Fabrik Thanner den Bau von Fahrrädern. Wer fahren wollte, musste aber zunächst eine Art Führerschein machen und vor den gestrengen Augen der Polizei auf dem Holzplatz eine Prüfung ablegen.

Den Luftverkehr erlebten die Kemptener vor dem Ersten Weltkrieg nur vom Zuschauen her: Am 20. Oktober 1912 landete in der Riederau der Zeppelin „Viktoria Luise", und am 4. Oktober 1913 überflogen erstmals zwei Militärflugzeuge die Stadt.

1912 landete der erste Zeppelin in Kempten.

Zentrum der Milchwirtschaft

Der mechanische Webstuhl hatte die Handweberei ruiniert, die importierte billige Baumwolle den Allgäuer Flachsanbau. Bauern, Handel und Handwerk steckten am Anfang des 19. Jahrhunderts in einer argen Krise. Zwei Persönlichkeiten gaben den entscheidenden Anstoß zu einem grundlegenden Wandel: 1827 stellte Karl Althaus, aus dem Kanton Bern kommend, in Blaichach erfolgreiche Versuche zur Produktion von Allgäuer Emmentaler-Käse an; so erfolgreich, dass die Nachfrage rasch stieg und die Zahl jener Bauern, die hierfür Milch ablieferten, stetig zunahm. Nur wenig später sorgte in Missen-Wilhams Karl Hirnbein, der in Kempten die Schule besucht hatte, für ein zweites, mindestens ebenso wichtiges Standbein. Er ließ Limburger Weichkäse nach belgisch-holländischer Art herstellen. Auch hier wurden immer mehr Landwirte überzeugt, zumal die ständige Milchablieferung für sie eine fortlaufende Einnahme an Milchgeld bedeutete. In der Folge wurden mehr und mehr Ackerflächen zu Grünland umgewandelt. Walter Jahn zeigt 1992 im „Allgäuer Geschichtsfreund" auf: Im damaligen Landkreis Kempten umfasste die „Dauergrünland-Monokultur" schon 1883 fast 60 Prozent der landwirtschaftlich genutzten Fläche; 1913 waren es 76,6 und 1927 sogar über 90 Prozent.

Das durch Flachsanbau einst „blaue" war zum „grünen" Allgäu geworden. Karl Hirnbein, dem „Notwender", „Zwingherrn" und „Alpkönig" des Allgäus, hat bekanntlich Peter Dörfler in seiner Romantrilogie ein Denkmal gesetzt.

Im Zuge dieser Entwicklung der Landwirtschaft sank zwar der Kemptener Getreidehandel bis zur

Bedeutungslosigkeit; aber die Stadt wurde zum Hauptort der schwäbischen Milchwirtschaft. Der Schwerpunkt lag hier auf der Käseproduktion und dem Käsehandel. Zuvor jedoch hatte der Kemptener Magistrat ernste Umweltsorgen geäußert. Durch den Käse, so meinte man anfangs, werde die Luft verpestet, zudem würden die Mitmenschen belästigt. Die Bedenken schwanden alsbald.

Karl Hirnbein

Vier Daten: 1887 entstand der „Milchwirtschaftliche Verein", der 25 Jahre später bereits über 5.500 Mitglieder zählte. 1892 wurden die Edelweiß-Milchwerke gegründet, ein Jahr darauf die „Allgäuer Herdebuch-Gesellschaft" ins Leben gerufen, und ab 1898 erschien, zunächst als Beilage der Tageszeitung, die „Allgäuer Molkereizeitung".

Auch in weiteren Gewerben ging es bergauf. 1847, im Gründungsjahr der Spinnerei und Weberei Kottern, wurde die Baumwoll-Manufaktur von Alois Sandholz in eine mechanische Spinnerei und Weberei umgestaltet. 1852 folgte als größter Betrieb dieser Branche die Spinnerei und Weberei Kempten, in der später das Unternehmen Sandholz aufging. 1851 entstand an der Iller die städtische Maximiliansmühle, das spätere Allgäuer Überlandwerk. 1868 hob eine neue Gewerbeordnung den Zunftzwang auf. Mit der hieraus folgenden Gewerbefreiheit erholten sich Handel und Gewerbe weiter. An der Spitze standen zunächst die Brauereien; 1878 waren es noch 24, freilich verschwanden die meisten bis 1914. Die Zahl selbständiger Gewerbetreibender im Stadtbereich überschritt 1871 bereits das halbe Tausend. Und was gab es da alles! Die Schachenmayrsche Papierfabrik und weitere Unternehmen dieser Branche, die Gasfabrik, feinmechanische Betriebe (Ott, Kesel), das graphische Gewerbe (Kösel, Dannheimer), das Baugewerbe, den Handel...

Bereits 1842 war in der Hehle (Schelldorf) die Schnetzersche Zündnadelfabrik gegründet worden, die im darauffolgenden Jahr in die Stadt umzog. Mit diesem Unternehmen hatte es eine besondere Bewandtnis: 1890 hatte eine Augsburger Aktiengesellschaft das Werk übernommen. Dadurch gelangte der erste für eine Fabrik gelieferte Dieselmotor der Welt (von MAN Augsburg) ausgerechnet nach Kempten. Im März 1898 wurde der Motor hier, am Weidacher Weg, zum Antrieb einer Transmission in Betrieb genommen und arbeitete fast zwei Jahrzehnte hindurch zuverlässig. Im Ersten Weltkrieg (so erinnerte sich laut „Allgäuer Zeitung" vom 3. März 1993 der Kemptener Kaufmann Eugen Wolff) wurde der Motor an eine Ottobeurer Fleischwarenfabrik verkauft und versah dort dann in gleicher Weise seinen Dienst.

Der erste Fabrikdiesel der Welt lief in Kempten.

Kempten in Zeitgeschichte und Gegenwart

Auf dem Weg zur Metropole

„In der Ära Horchler, die nahezu vierzig Jahre dauerte, schuf die Stadt nach und nach jene Infrastruktur, die notwendig war, die Attraktivität Kemptens als Industriestandort und als werdende Metropole des Allgäus zu sichern", schreibt Karl Filser in der „Geschichte der Stadt Kempten" von 1989. Obwohl die Auswanderungswelle in die USA im 19. Jahrhundert auch hier so manche Lücke riss, ließ doch eine erhebliche Zuwanderung die Einwohnerzahl Kemptens emporschnellen, nämlich von 5.578 Seelen im Jahr 1818 auf rund 21.000 im Jahr 1910. Übrigens war schon damals der Ausländeranteil an der Bevölkerung recht hoch. Im letzten Viertel des 19. Jahrhunderts schwankte er zwischen fünf und zehn Prozent, lag also zeitweise kaum unter jenem der Gegenwart.

Schon vor Bürgermeister Adolf Horchler (von 1881 bis 1919 Stadtoberhaupt) war in Kempten viel geschehen. Hierfür einige Beispiele: Am 19. Dezember 1857 wurden 149 Gaslaternen entzündet; als eine der ersten Städte Bayerns hatte man damit eine Gasbeleuchtung erhalten. 1863 wurden die ersten Bürgersteige für Fußgänger angelegt. 1872 erwarb die Stadt das Kornhaus und ließ hier 1874/76 den Festsaal einbauen. Damals, unter Bürgermeister Franz Korrn, erfolgte auch die Restaurierung des Rathauses.

Auf schulischem Sektor wurde sogar Erhebliches geleistet. So entstanden u.a. 1833 die Gewerbeschule (1877 Realschule, seit 1915 im Haus an der Salzstraße, heute Allgäu-Gymnasium), 1860 die gewerbliche Fortbildungsschule, 1865 die Suttschule, 1869 die Töchterschule der Englischen Fräulein (Neubau 1915, heute Maria-Ward-Mädchenrealschule) und 1874 die Töchterschule der Stadt. Das Gymnasium, das aus der Studienanstalt des Stifts hervorgegangen und zuletzt im Pagenhaus von Fürstabt Rupert von Bodman untergebracht war, siedelte 1865 in ein neues Gebäude an der Fürstenstraße um.

Auf sozialem Sektor ist der vielfältige Einsatz von Klosterschwestern hervorzuheben. 1853 wurden Barmherzige Schwestern fürs Kemptener Distriktspital gewonnen, fünf Jahre später Arme Schulschwestern fürs Waisenhaus. Seit 1879 bzw. 1888 waren Franziskanerinnen im Altenheim Marienanstalt (Rosenau) sowie in der ambulanten Krankenpflege segensreich tätig.

Die Kriege von 1866 und 1870/71 bewegten die Bevölkerung zutiefst. Seit 1859 bestand in Kempten ein Nationalverein für die Einigung Deutschlands unter preußischer Führung; kein Wunder, dass 1866 Bürger in Kempten und Memmingen eine Petition an den bayerischen König richteten, dem Bruderkrieg (gegen Preußen) ein Ende zu machen. In diesem Feldzug hatte sich die Kemptener Reiter-Eskadron bei einer Attacke nahe Bad Kissingen ausgezeichnet, und das Kemptener Infanterie-Bataillon war an einem Gefecht bei Roßbrunn in Thüringen beteiligt.

1870/71 bewährte sich das Jägerbataillon, das seit 1866 in Kempten in Garnison stand, in der Schlacht bei Sedan und später bei den Kämpfen nahe Orleans. Als der Krieg zu Ende und das Deutsche Reich aus der Taufe gehoben war, kannte der Jubel kaum Grenzen. Begeisterung prägte in Kempten die Siegesfeiern und dann das Friedensfest mit einem großen Festzug. Auf der Burghalde wurden Friedensbäume gepflanzt. 1873 rückte das Jägerbataillon wieder in seine Garnison ein. Der Krieg aber hatte schwere Opfer gefordert: 52 Soldaten waren gefallen, zwölf vermisst und 269 verwundet; von diesen 16 so schwer, dass sie ihren Verletzungen erlagen.

Eine Besonderheit in Kempten ist seit 1871 die verhältnismäßig große Zahl von Angehörigen der Altkatholischen Gemeinde. Die neue Lehre von der Unfehlbarkeit des Papstes in geistlichen Dingen war hier auf viel Kritik gestoßen. 1870 bildete sich in Kempten zunächst ein „Verein von Katholiken zur Erhaltung des alten Glaubens", aus dem sich die Altkatholische Gemeinde entwickelte. Sie zählte 1871 allein in der Stadt bereits 350 Familien. 1872 wurde Dr. Adolf Thürlings als ihr erster Seelsorger amtseingeführt. Kempten wurde zu einem Zentrum der altkatholischen Bewegung. Die Gottesdienste fanden zunächst in der Keckkapelle, dann im Fürstensaal der Residenz, zuletzt in der Seelenkapelle statt. Teilweise aus Mitteln, die das einst prominenteste Mitglied, Oberbürgermeister Dr. Otto Merkt, der Gemeinde vererbt hatte, konnte schließlich an der Lindauer Straße ein eigenes Gotteshaus, die Kirche „Maria von Magdala", erbaut und am 31. Oktober 1993 geweiht werden.

Seit 1881 Stadtoberhaupt, verstand es Bürgermeister Horchler, die zerrütteten Finanzen des Gemein-

Residenzplatz um 1900.

wesens zu ordnen und eine moderne Verwaltung zu schaffen. Zielbewusst packte er mannigfache Vorhaben an, um, wie er selber erklärte, aus Kempten „endlich einmal eine einzige Stadt zu machen". Da Kompromissbereitschaft nicht seine größte Stärke war, wurde es ihm, vor allem von Vertretern der Neustadt, nicht immer leicht gemacht, seine Ziele zu erreichen.

Adolf Horchler

Vor allem ging es Horchler darum, die Alt- und Neustadt straßenmäßig besser zu verknüpfen. Die Stadttore waren ja schon zuvor gefallen. Nun waren mehrere Hausabbrüche notwendig, um neue Ost-West-Verbindungen zu schaffen; so etwa zwischen dem Residenzplatz und der Gerberstraße. In diesen Zusammenhang gehört auch 1903 die Schaffung der Freitreppe zwischen dem Rathausplatz und der Fischerstraße mit weiterem Straßenbau in Richtung Neustadt/Bodmanstraße, ebenso nach Ideen des Münchner Gartenbau-Inspektors Max Kolb die Neugestaltung des Königsplatzes und Anlage des Stadtparks. Der Viehmarkt wurde 1888 vom Königsplatz an seinen heutigen Standort an der Boleite verlegt. Bis 1918 wurden 110 Straßen kanalisiert und 154 Straßenzüge gepflastert. Die Wasserversorgung wurde modernisiert und 1906 die städtische Müllabfuhr eingerichtet. 1897 erwarb die Stadt die Gasfabrik; das Elektrizitätswerk ging 1901 in Betrieb, die ersten zehn mit Strom versorgten Bogenlampen leuchteten am 16. November desselben Jahres. Horchlers Initiativen galten ebenso der Altertumssammlung, dem städtischen Archiv und der Stadtbibliothek.

Weitere Daten aus seiner Amtszeit sind 1889 die Gründung der freiwilligen Sanitätskolonne, 1893 der Ersatz der hölzernen Altstadtbrücke über die Iller durch ein steinernes Bauwerk, 1894 die Gründung der freiwilligen Feuerwehr, 1897 die Schaffung des Rottachbades und 1905 der Bau einer Gewerbehalle. Die Iller- und die Wittelsbacherschule entstanden, ebenso 1907 eine Hilfsschule.

Um das Jahr 1900 erhielt die Pfarrkirche St. Lorenz ihre jetzige Gestalt durch den Ausbau der beiden Westtürme. Wenig später, 1903/04, konstituierten sich zwei Kirchenbau-Vereine, welche die Errichtung neuer Gotteshäuser im Süden und Osten der Stadt anstrebten. Während der Erste Weltkrieg die Planungen für Kempten-Ost (gemeint war der Osten der Altstadt!) zunächst vereitelte, gelang es noch 1911/12, an der Immenstädter Straße die katholische Pfarrkirche St. Anton fertigzustellen. 1912 wurden hier Kapuziner für die Seelsorge gewonnen, 1914 konnte das Gotteshaus eingeweiht werden. Etwa gleichzeitig, von 1911 bis 1913, erfolgte eine umfangreiche Instandsetzung der evangelischen St. Mang-Kirche.

Moderne Technik hielt in Kempten Einzug. 1883 stellte der Mechaniker Xaver Klaus eine Telefonverbindung zwischen der Polizeiwache und dem Wächter auf dem Turm der St. Mang-Kirche her. Neun Jahre später erhielt die Eisenhandlung Biechteler das erste Telefon des staatlichen Fernsprechnetzes. Und Kino gab es in Kempten erstmals 1898 zu sehen: Auf dem Jahrmarkt zeigte ein Kinematographen-Theater einen Stummfilm.

Ein Blick aufs Kulturleben: Im Stadttheater, dem ehemaligen Salzstadel, fanden Jahr für Jahr zahlreiche Aufführungen statt. Im Verbund mit anderen

Städten traten hier die Ensembles Adolf Oppenheim (bis 1893), Julius Heydecker (bis 1908) und Hans Kraft (bis 1923) auf.

Die Jahrzehnte vor dem Ersten Weltkrieg waren zugleich eine goldene Zeit des Vereinslebens. Es gab Vereine zur Geselligkeit, gemeinnützige Vereine (Burghalde- und Verschönerungsverein), soziale Vereinigungen, darunter einen „Zigarrenabschnitt-Sammelverein", der den Erlös aus dem Verkauf dieser Abschnitte für Kinder verwendete. Sport und Turnen gewannen an Bedeutung, der Alpenverein wurde ins Leben gerufen, ein Verein zur Errichtung eines Hallenschwimmbades, ein Ski-, ein Fußball-, ein Radler- und ein Rodlerverein, und der Turnverein legte 1909 den Jahnplatz an. Dazu kamen Vereine zur Musik- und Gesangspflege, zur Weiterbildung (Literarischer Verein, Altertumsverein, Dramatischer Leseverein u.a.), militärische Vereinigungen, Vereine mehrerer Gewerbezweige. Ja, es gab, bei Josef Rottenkolber nachzulesen, sogar recht sonderbare und ausgefallene Zusammenschlüsse in Kempten; etwa die „Blaukringelgesellschaft", die Gesellschaft der „Steinträger", den „Verein zur Wiederherstellung der Vorderseite des Domes in Speyer" und den „Verein zur Verbreitung nützlicher Kenntnisse durch gemeinschaftliche Schriften". Kurzum: die Gesamtzahl der Vereine, Gesellschaften und Genossenschaften in Kempten erhöhte sich binnen 40 Jahren von 57 auf 270 im Jahr 1912.

Krieg und Revolution

Am 31. Juli 1914 gibt ein Trommler der Kemptener Garnison bekannt, dass über Bayern der Kriegszustand verhängt sei. Zwei Tage später rückt das hier stationierte II. Bataillon des 20. Jägerregiments ins Feld. Jubel und Optimismus begleiten die Soldaten. Alfred Weitnauers letzter Satz in seiner „Allgäuer Chronik": „Mit Blechmusik und Hurra-Rufen wird eine Epoche der deutschen Geschichte zu Grabe getragen."

Der Krieg sollte nicht vier Wochen dauern, wie ursprünglich euphorisch erhofft, sondern über vier Jahre, und er sollte, nach anfänglichen Siegen, Not und Elend bringen.

Schon in den ersten Kriegstagen bildete sich in Kempten ein Hilfskomitee mit Bürgermeister Horchler, beiden Stadtpfarrern sowie Vertretern von Parteien und Vereinen, um die Versorgung sicherzustellen und erforderliche Arbeitskräfte zu mobilisieren.

Auszug der Kemptener Soldaten 1914.

Kindernotkrippen und eine Suppenküche für ärmere Kinder wurden eröffnet. Hunderte von Einberufenen und Freiwilligen rückten aus. Das Kemptener Bataillon war an der Westfront im Einsatz, zunächst in Lothringen, und sollte in den folgenden Jahren vor allem an den besonders verlustreichen Kämpfen vor Verdun und am Chemin des Dames teilnehmen.

Eine erste Ernüchterung ergriff die Kemptener, als am 26. August bereits 365 Verwundete eintrafen. Kurz darauf spielte sich eine wenig schöne Szene ab, als ein Zug mit etwa hundert schwerverwundeten Franzosen auf dem Weg ins Lazarett durch die Stadt kam: Die Männer wurden von aufgebrachten Passanten angespuckt und mit Steinen beworfen.

Erst allmählich wurde der Ernst des Krieges spürbar. Zunächst hatte es Hamsterkäufe gegeben, als anfangs zum Beispiel noch Schweineschmalz für 90 Pfennige je Pfund angeboten wurde. In Kriegsnähstuben und Schulen wurde Kleidung für die Soldaten angefertigt. Dann wurden Nahrungsmittel knapp. Vor den Geschäften bildeten sich Schlangen, und im September 1916 wurden Lebensmittelkarten eingeführt. Französische und russische Kriegsgefangene halfen bei den Heuernten.

Kriegsanleihen folgten, die Bevölkerung zeigte Opferbereitschaft. Mannigfache Sammlungen sollten den Rohstoffmangel lindern; unter anderem waren Konservenbüchsen und sogar ausgebrannte Glühbirnen gefragt. Nachrichten über Gefallene und Vermisste trafen immer häufiger ein.

Da die Reichsbank weiterhin für ein Drittel ihres Geldumlaufs Golddeckung bereithalten musste, viele Leute aber bei Kriegsbeginn ihre Ersparnisse in Gold umgewandelt hatten, wurde im Dezember 1914, auch vom Kemptener Magistrat, an die Bevölkerung appelliert, ihren Goldbestand in Papiergeld umzuwechseln.

Die Kemptner Schuljugend nahm 1915 eine entsprechende Sammlung vor, die über 100.000 Mark an Gold erbrachte; 1916 kamen weitere 100.000 Mark dazu. Der Stadtmagistrat versprach den Spendern „Eisen für Gold".

Als das Kleingeld knapp wurde, ließ der Magistrat im März 1917 Kriegsmünzen aus Zink prägen, die bis 1921 gültig blieben. Kurz zuvor hatte die Mechanische Baumwoll-Spinnerei und -Weberei, mit über tausend Beschäftigten Kemptens größter Betrieb, bereits privates Notgeld ausgegeben. Noch unmittelbar vor Kriegsende ließ die Stadt bei der Köselschen Druckerei Notgeld in Form von Banknoten drucken; beispielsweise trug der Fünfzig-Mark-Schein, so berichtet Peter Stenger im „Allgäuer Geschichtsfreund" 1979, das Bild der Burghalde, den Spruch „Lant it luk" und, natürlich, die Unterschrift des Bürgermeisters.

Die unmittelbare Schreckensbilanz des Ersten Weltkrieges für Kempten: Die Stadt musste fast 500 Gefallene beklagen.

Als am 8. November 1918 erste Nachrichten über die Revolution in München eintrafen, gab es Unruhe

Anstehen vor der Metzgerei Kesel zur Fleischabgabe mit Lebensmittelmarken 1917.

in Kemptens Garnison. Eine Radfahr-Kompanie meuterte gegen Offiziere, auch die Jäger verweigerten den Gehorsam, betrunkene Soldaten zogen durch die Straßen. Am selben Tag wurde in einer Volksversammlung im Bürgersaal ein Arbeiter- und Soldatenrat gebildet, zu dem tags darauf, nach einer Versammlung auf dem Königsplatz, auch ein Bauernrat trat. Auf dem Rathaus wehte die rote Fahne.

Im Großen und Ganzen aber blieb es in Kempten ruhig. Ein Zwölf-Männer-Ausschuss von Liberalen und Zentrumspartei bildete sich. Vor allem galt es, die Versorgung zu sichern. Und am 23. November 1918 kehrten die ersten Frontkämpfer heim.

Wenige Tage später, am 2. Dezember, wählte das Gemeindekollegium Dr. Otto Merkt zum künftigen Stadtoberhaupt; es war klar, dass er ein Gegenspieler des Arbeiter- und Soldatenrats sein würde. Merkt, gebürtiger Kemptener, war 1914 Zweiter Bürgermeister Münchens gewesen und hatte dann am Krieg teilgenommen. Wahlen Anfang Januar 1919 erbrachten eine Mehrheit fürs liberale und christlich-konservative Lager, und im Februar wurde Merkt in sein Amt eingeführt, sein Vorgänger Adolf Horchler aber zum Ehrenbürger ernannt.

Am 7. April 1919 wurde in München die Räterepublik ausgerufen, das gleiche geschah noch am selben Tag in Kempten. Der Arbeiter- und Soldatenrat verhängte den Belagerungszustand, bildete eine revolutionäre Schutzgarde und ein Revolutionsgericht. Er setzte den Bürgermeister kurzerhand hinter Schloss und Riegel, um, wie Alfred Weitnauer 1967 in seiner Merkt-Biographie schreibt, im Rathaus ungehindert schalten und walten, vor allem Geld drucken zu können. Merkt konnte fliehen, brach nachts in die Druckerei ein, holte die Banknoten-Druckstöcke aus der Maschine und warf sie in die Iller. Wenige Tage später wandte er sich bei einer Massenversammlung im Colosseum eindeutig gegen den Arbeiter- und Soldatenrat.

Die revolutionäre Herrschaft aber war am 14. April 1919 bereits aufgehoben. Dennoch blieb die Lage gespannt. Den 700 Soldaten radikaler Volkswehr standen nur 500 Mann Bürgerwehr gegenüber. Dr. Merkt ersuchte die neue Regierung in München dringend, Regierungstruppen zu entsenden.

Inzwischen hatte sich in Memmingen das Freikorps Schwaben gebildet, das nach Einsatz in München in der Nacht zum 13. Mai 1919 in drei Abteilungen auf Kempten vorrückte. Es fielen kaum Schüsse, und tags darauf, am 14. Mai, war die Gefahr einer erneuten Räteherrschaft gebannt. Rote Garde und Volkswehr wurden aufgelöst, statt dessen eine Stadtwehr organisiert.

Im Juni 1919 war nach neuem Gesetz eine Direktwahl des Bürgermeisters durch die Bevölkerung erforderlich. Der „Vereinigte Bürgerverein", der sich im Frühjahr formiert hatte, unterstützte die Nominierung von Otto Merkt. Andere Parteien, darunter die Mehrheits-Sozialdemokraten, schlossen sich dem an. Das Resultat: fast 99 Prozent für den Kandidaten. Bei der darauf folgenden Stadtratswahl errang der Bürgerverein allein schon fast 66 Prozent aller Stimmen.

Das Freikorps Schwaben wurde 1920 in die Reichswehr übernommen, und zwar als einziges Gebirgsjäger-Bataillon des ganzen 100.000-Mann-Heeres überhaupt, berichtet B. Jörg Landes 1958 in seinem Büchlein „Stadt und Garnison Kempten". In der Stadt verblieben der Bataillonsstab und zwei Kompanien dieser Einheit in Garnison. In zahlreichen Übungen wurden in Kempten die Erfahrungen der alten Gebirgstruppe weiterentwickelt. Hinzu kam eine intensive skisportliche Ausbildung.

Jahre des Aufbaus

Dr. Otto Merkt wollte ein „Meister der Bürger" sein, über den Parteien stehen, Kempten verstärkt zum Mittelpunkt des Allgäus gestalten. Es ging ihm darum, das Gemeinwesen zur Beamten-, Garnisons- und Schulstadt auszubauen, besonders aber dem bäuerlichen Umfeld Rechnung zu tragen. „Unsere einzige wirkliche Eigenart ist die Landwirtschaft der Umgebung", betonte er einmal. Dies nach einem verlorenen Krieg und in einer Zeit wirtschaftlicher Krisen, von der großen Inflation bis zum Weltwirtschaftskrach, zu verwirklichen, war nur bei äußerster Sparsamkeit möglich. Für diese Sparsamkeit und für das Bemühen, Rücklagen anzusammeln, wo irgend denkbar, ist Merkt bekannt gewesen; aber auch für seinen leidenschaftlichen Einsatz für die Heimatpflege. Ihm gelang die Bestellung eines eigenen Heimatpflegers für Südschwaben (Dr. Alfred Weitnauer); er förderte den Ausbau des Heimatmuseums und der Stadtbibliothek, richtete die „Naturwissenschaftliche Sammlung" ein, widmete sich der Erforschung Allgäuer Burgen und sorgte für mehr als 2.000 Gedenksteine und -tafeln an historischen Gebäuden. Vor allem hatte er laut Weitnauer „...den Begriff ‚Allgäu' wiedererweckt und ihm die Werbe- und Durchschlagskraft eines Markenartikels verliehen".

Zunächst aber machte die galoppierende Inflation jegliche Planung zunichte. Im ersten Halbjahr 1922 verdoppelten sich die Preise. Dann ging´s immer schneller. Am 10. August 1923 betrug in Kempten der Stundenlohn eines Textilarbeiters 72.000 Mark; am 16. August kostete ein Kilo Schwarzbrot hier 100.000 Mark und am 22. November gar 500 Milliarden Mark. Die Betriebe konnten ihre Löhne nicht mehr auszahlen. Unruhen wurden befürchtet, Notschecks ausgegeben. Die Stadt ließ erneut Notgeldscheine drucken, und zwar insgesamt weit über 7.000 Billionen Mark.

Als am 24. August 1923 ein gewisser Adolf Hitler im Kornhaussaal vor 2.000 Besuchern über das Thema „Deutscher Freistaat oder internationale Sklavenkolonie?" sprach, wurde ein Eintrittsgeld von 20.000 Mark pro Besucher erhoben.

Dr. Otto Merkt

Erst nach der Ausgabe der neuen, stabilen „Rentenmark" am 15. November 1923 wurde, bis Anfang 1924, das Inflationsgeld allmählich aus dem Verkehr gezogen. Die Stadtkasse aber war leer.

Was geschah in Kempten in den kurzen Jahren der Weimarer Republik? Schon 1919 hatte im Bereich des heutigen Ostbahnhofs der Bau einer Industriesiedlung begonnen. 1927 setzte ein weiterer Wohnungsbau auch beim Keck und auf dem Lindenberg ein. Otto Merkt, zugleich Aufsichtsrats-Vorsitzender der Gemeinnützigen Baugenossenschaft, war zu diesem Zweck um Eingemeindungen und Grunderwerb bemüht und ließ einen Baulinienplan erstellen. Die Industrieförderung fand damals eine verhältnismäßig geringe Resonanz. 1919 war das Allgäuer Überlandwerk gegründet worden, das den Strom vorwiegend aus Wasserkraft-Anlagen der Iller und des Lech gewann.

Richtungsweisend war im Juni 1921 auf Initiative von Merkt die Eröffnung der Butter- und Käsebörse.

1925 entstand das „Haus der Milchwirtschaft", dazu kamen u.a. Untersuchungsanstalt, Melkerschule und Lehrgut. Und 1928 wurde die Tierzuchthalle erbaut, die heutige Allgäu-Halle. Übrigens war 1926 das Grünland-Käsewerk gegründet worden, und auch in der Umgebung Kemptens entstanden einige einschlägige Betriebe, so in Heising.

Weitere Daten: 1930 wurde die Jugendherberge eröffnet und 1932 das Stadtbad, 1933 dann das Arbeitsamt gebaut. Aus der Realschule wurde 1923 eine neunklassige Oberrealschule und aus der Töchterschule 1925 ein Mädchenlyzeum. Für auswärtige Schüler entstand 1924 das Heim „Stella Maris", ebenso 1926 das Evangelische Studienheim des St.-Johannis-Vereins. 1928 richtete man eine Villa als Mädchenpensionat ein. Außerdem wurde ein Kinderheim eröffnet und ein Hospiz mit dem evangelischen Gemeindehaus gebaut.

Zur Finanzierung städtischer Vorhaben nutzte der Bürgermeister - seit 1928 „Oberbürgermeister" - mannigfache Möglichkeiten zur Einführung neuer Steuern. So wurde zeitweise eine Katzensteuer erhoben, die Vergnügungssteuer wurde modern, und es gab sogar eine Hockersteuer für „Nachtstreuner".

Was vor dem Ersten Weltkrieg nicht mehr gelungen war, wurde nun Wirklichkeit: An der Illerbrücke, am Westufer des Flusses, entstand eine neue katholische „Notkirche", die 1927 ihre Weihe erhielt. Der Name des Gotteshauses war bereits 1916, mitten im Krieg, festgelegt worden: „Friedenskirche Christi Himmelfahrt". Am 1. September 1931 wurde „Christi Himmelfahrt" zur eigenen Pfarrei erhoben. Der Architekt der Kirche, der auch die Kriegergedächtniskapelle im katholischen Friedhof und das Kirchlein in der Eich geplant hatte, war Andor Akos, ein in Kempten ansässiger Ungar. Akos fand ein tragisches Ende. Er wurde aufgrund der Rassegesetze der Nationalsozialisten in den Tod getrieben. Am 1. Juli 1940 erschoss er sich in Wien. Mit einer Ausstellung und mit der Herausgabe einer Broschüre von Stadtarchiv und Heimatverein wurde seiner 2007 gedacht.

Das Gotteshaus Christi Himmelfahrt aber diente der Gemeinde bis in die siebziger Jahre. Es wurde 1973 abgebrochen, nachdem im Westen der Burghalde im Freudental 1971 eine neue, endgültige Pfarrkirche vollendet worden war.

Von der großen Wirtschaftskrise seit 1929 waren in Kempten vor allem Textilbetriebe und feinmechanische Industrie hart betroffen. Die Zahl der Arbeitslosen im Amtsbezirk Kempten, die bereits 1927 die Tausend überschritten hatte, schnellte 1929 auf über 7.640 empor. Die Stadt richtete Wärmestuben für Notleidende ein; und eindringlich wurde um Spenden für Kinderspeisung geworben.

1932 war die „Talsohle" durchschritten; zu spät, um die Machtübernahme der Nationalsozialisten zu verhindern.

Spinnerei und Weberei Kempten.

„Braune" Zeit

Am 28. November 1922 wurde in Kempten eine erste NSDAP-Ortsgruppe gegründet, der ein Jahr darauf 269 Mitglieder angehörten. Bereits im März 1922 hatte hier ein früher Ideologe der Nationalsozialisten, Gottfried Feder, gesprochen, damals noch auf Einladung eines „Deutschvölkischen Schutz- und Trutzbundes". Und im März 1923 redete dann der NS-Parteigründer Anton Drexler im Kornhaus, während draußen einige hundert Arbeiter die Internationale sangen...

Zwei Tage nach Hitlers Ernennung zum Reichskanzler, am 1. Februar 1933, fand in Kempten ein Fackelzug zu Ehren des „Führers" statt. Ein Großteil der Bevölkerung setzte in die Arbeit der neuen Regierung Vertrauen und hoffte auf einen raschen Aufschwung. Was aber wohl die wenigsten ahnten: Schon bald begann eine Verhaftungswelle, von der zahlreiche führende Männer nicht nur der Kommunistischen Partei, sondern auch der Sozialdemokraten und des Reichsbanners sowie der Bayerischen Volkspartei betroffen waren; unter ihnen Paul Strenkert, der nach dem Krieg bayerischer Staatsminister wurde, und Albert Wehr, den man bis zum Dezember 1933 im Konzentrationslager Dachau festhielt und der gleichfalls nach 1945 lange Jahre als Landtagsabgeordneter und Zweiter Bürgermeister Kemptens wirkte.

Dr. Otto Merkt wurde in den ersten Wochen des „Dritten Reiches" gleich zweimal verhaftet, aber jeweils bald wieder freigelassen und erneut in sein Amt eingesetzt. Man verübelte es ihm, dass er den von ihm geschätzten Albert Wehr nach einer ersten Festnahme auf eigene Kappe wieder freigelassen hatte. Und ebenso war er angeeckt, weil er am 9. März

1933, als SA- und SS-Männer ohne Erlaubnis am Rathaus die Hakenkreuzfahne hissten, den in Kempten stationierten Oberstleutnant Eduard Dietl, den späteren Generaloberst, um Hilfe gebeten hatte (allerdings vergeblich).

Derselbe Otto Merkt - man mag dies aus dem Druck heraus verstehen, der auf ihn ausgeübt wurde, oder aus dem Verantwortungsgefühl der Stadt gegenüber oder aber einfach aus dem Gedanken heraus, Schlimmeres zu verhüten - trat am 1. April 1933 der NSDAP bei und erschien am 27. Mai bei einem Festakt in SA-Uniform.

Die Presse wurde „gleichgeschaltet". Schon 1935 zählte die NSDAP in Kempten 948 Mitglieder und Anwärter. „Am Ende der NS-Zeit war jeder achte oder neunte wahlberechtigte Kemptener Vollmitglied der NSDAP" (Herbert Müller 1989 in der „Geschichte der Stadt Kempten").

1929 hatten dem Stadtparlament je sechs Mandatsträger der SPD und der Bayerischen Volkspartei, drei der Vereinigten bürgerlichen Liste, zwei der NSDAP und einer des Haus- und Grundbesitzervereins angehört. Im April 1933, nach den letzten halbwegs freien

Adolf Hitler 1932 vor der Tierzuchthalle.

Reichstagswahlen, ergab sich ein anderes Bild: neun Stadträte der NSDAP mit Bauern- und Mittelstandsbund, sechs der Bayerischen Volkspartei, drei der Sozialdemokratischen Partei und zwei der Kampffront Schwarz-Weiß-Rot. Außerdem hätte ein Sitz der KPD zugestanden; wegen des Verbots dieser Partei entfiel aber das Mandat. Am 8. September 1933 schließlich, nach Auflösung sämtlicher anderen Parteien, bestand der Stadtrat ausschließlich aus Nationalsozialisten. Und die Reichstagswahl am 12. November 1933 ergab bei fast hundertprozentiger Wahlbeteiligung angeblich 97 Prozent fürs Regime.

Zwar behielten die Kirchen beider Konfessionen und auch die Altkatholische Gemeinde ihre Bedeutung. Die Zahl politisch bedingter Kirchenaustritte in Kempten soll auch verhältnismäßig gering gewesen sein, und 1938 konnte nach Teilung der Stadtpfarrei St. Lorenz im Süden der neue Sprengel St. Anton gegründet werden. Auch gelang es dem Oberbürgermeister, kirchenfeindliche Aktionen zu verhindern. Andererseits ordnete die Regierung 1937 an, das Englische Institut in Kempten zu schließen.

Das düsterste Kapitel brauner Herrschaft, die Verfolgung und versuchte Vernichtung der Juden, nahm in Kempten, wie fast allerorts, bald seinen Anfang. In der Stadt wohnten seit 1869 zahlreiche jüdische Familien, die eine eigene Filialgemeinde bildeten und im Landhaus ihren Betsaal hatten. 1933 waren es in Kempten etwa 50 Juden. Am 1. April dieses Jahres rief die SA zum Boykott jüdischer Geschäfte auf; Transparente und Plakate mit widerlichen Texten wurden durch die Stadt getragen. Die SS erzwang erste Geschäftsschließungen. Ein städtischer Finanzinspektor, Bernhard Stirnweiß, wurde öffentlich gerügt und vorläufig beurlaubt, nur weil seine Frau bei der jüdischen Firma Kohn eingekauft hatte. Wenig später veröffentlichte das Skandal-Organ „Der Stürmer" Namen von Kemptenern, die mit einem Bürger jüdischen Glaubens Karten gespielt hatten.

Die sogenannte „Reichskristallnacht" 1938 verlief in Kempten glimpflich. Zwar wurden jüdische Häuser und Wohnungen durchsucht, auch ein Schaufenster eingeschlagen, aber der Betsaal und der jüdische Friedhof blieben unangetastet.

Ralf Lienert hat 1998 „Die Geschichte der Juden in Kempten", vor allem die grauenhafte Verfolgung dieser Mitbürger dargestellt: Nur 22 von ihnen konnten nach 1933 auswandern, mindestens 31 aber wurden deportiert, vor allem nach Piaski, Lublin und Theresienstadt. Insgesamt 24 von ihnen fanden den Tod oder sind seither verschollen. Ihre Namen sind bekannt und auf einer Gedenkplatte des Kemptener jüdischen Friedhofs verzeichnet. Nur sieben haben überlebt, drei von ihnen in Kempten. Es gab auch hier beherzte Menschen, die ihnen trotz der Gefahr hilfsbereit zur Seite standen.

Im Übrigen aber brachten die Jahre bis 1939 in der Tat eine bedeutende wirtschaftliche Belebung. Der Wohnungsbau verstärkte sich wieder, Handwerk und Industrie konnten nicht über Auftragsmangel klagen. Am Königsplatz wurde eine neue Turnhalle erstellt, und 1939 wurde in Kempten das Röhrenwerk gegründet. Zugleich entstanden neue, große Kasernenanlagen, an der Kaufbeurer Straße die heutige Artilleriekaserne und neben dem Hofgarten der Residenz die später Prinz-Franz-Kaserne genannte Anlage. Mit dem Aufbau der Wehrmacht wuchs auch die Garnison: 1935 zog ein Bataillon des neuen Gebirgsjäger-Regiments 99 ein, zwei Jahre darauf eine Abteilung des Artillerie-Regiments 27.

Am Vorabend des Zweiten Weltkriegs, 1939, zählte Kempten über 28.000 Einwohner.

Bomben auf Kempten

Von Jubel, wie etwa 1914, konnte beim Kriegsausbruch am 1. September 1939 wahrlich keine Rede sein. Und anfänglicher Optimismus angesichts erster Blitzfeldzüge (Polen, Skandinavien) schwand mit der steigenden Zahl Gefallener. Der erste Fliegeralarm am 24. September 1939, ein paar Aufklärungsflugzeuge waren gemeldet, hatte keine unmittelbaren Folgen. Als, nach der Kapitulation Frankreichs, am 16. Juli 1940 die ersten Truppen in die Kemptener Garnison zurückkehrten, mochte man noch auf einen baldigen Friedensschluss hoffen. Allmählich aber trat die raue Wirklichkeit des Krieges immer deutlicher vor Augen, zumal nun auch die Heimat besonders betroffen war. Lebensmittel wurden streng rationiert. Statt Glockengeläut heulten bei Fliegeralarm in Kempten bald fünf Sirenen auf. Hautnah erlebten die Kemptener den Bombenkrieg am 23. Oktober 1942, als alliierte Flugzeuge den Bahnhof Hegge mit Brandbomben belegten. Kurz darauf, in der Nacht zum 25. Oktober, fielen beim Bahnhof Kürnach Bomben, richteten aber keinen nennenswerten Schaden an.

Wenige Wochen zuvor, am 26. Juli 1942, musste Dr. Merkt auf Druck der Obrigkeit zurücktreten, obgleich er 1929 auf Lebenszeit in sein Amt gewählt worden war. Sein Nachfolger als Oberbürgermeister wurde der Kreisleiter der NSDAP, Anton Brändle.

Inzwischen wurden etliche kriegswichtige Betriebe u.a. der Firmen BMW und Messerschmitt in den Raum Kempten verlegt. Damit wurde auch dieses Gebiet zum bevorzugten Ziel angloamerikanischer Luftangriffe, zumal die Alliierten zu Lande (Stalingrad, Nordafrika), auf hoher See und vor allem in der Luft die Oberhand gewonnen hatten. Am 18. Juli 1944 tobten südwestlich der Stadt am helllichten Vormittag heftige Luftkämpfe, mehrere Flugzeuge stürzten ab. Und tags darauf, es war der 84. Alarm Kemptens in diesem Krieg und der Vorabend des Attentats auf Hitler, forderte ein Bombenangriff auf Kempten und Sankt Mang rund 50 Todesopfer. Nicht nur Fabrikhallen der Spinnerei und Weberei in Kottern wurden zertrümmert (einige Ruinen beseitigte man erst 1968), sondern auch Wohngebiete waren betroffen und die St. Mang-Kirche: Ihr Vorbau stand in Flammen; Feuerwehr und beherzten Altstadtbürgern war es zu danken, dass nicht das gesamte Gotteshaus niederbrannte. Wenige Tage später, am 3. August 1944, suchten Bomber erneut die Stadt heim. Diesmal wurde die Pfarrkirche St. Anton getroffen, dazu mehrere Häuser an der Maler-Lochbihler- und Haubenschloßstraße; das Haubenschloß selbst wurde zerstört, ebenso eine Gärtnerei. Diesmal wurden zwölf Todesopfer beklagt.

Weitere Bomben fielen noch wenige Wochen vor Kriegsende, am 22. Februar und dann am 12. und 16. April 1945. Jetzt waren das Gelände des Hauptbahnhofs mit dem Bereich Wiessstraße sowie Wehrmachts- und Rüstungsanlagen, besonders die Artilleriekaserne, die Ziele; auch die Jugendherberge wurde getroffen. Bis Ende April beschossen außerdem Tiefflieger mehrmals Güterzüge.

Bei all dem bleibt hervorzuheben, dass Kempten, verglichen mit der Vielzahl anderer deutscher Städte, noch verhältnismäßig glimpflich davongekommen war. Und dies galt auch für die Kapitulation der Stadt gegenüber den vorrückenden amerikanischen Panzerverbänden am 27. April 1945. Oberbürgermeister Brändle tauchte rasch unter. Mehrere mutige Bürger setzten sich ein, um Kampfhandlungen und Zerstörungen zu verhindern. Rechtsrat Heinrich Zölch mit einigen Begleitern vollzog die Übergabe Kemptens und seiner Lazarette, in denen sich über 3.000 Verwundete befanden, an die US-Streitkräfte. Andere Männer versuchten, die von den zurückweichenden deutschen Truppen vorbereiteten Brückensprengungen zu vereiteln. Dies gelang buchstäblich in letzter Minute bei der St. Mang-Brücke und beim Illersteg. Hingegen flogen Teile der drei oberen Illerbrücken in die Luft.

In Kottern, Weidach und in Kempten selbst hatten sich Außenlager des Konzentrationslagers Dachau befunden. Über 4.000 Häftlinge und Fremdarbeiter waren hier in Rüstungsbetrieben eingesetzt. Über das Schicksal der Zwangsarbeiter im und nach dem Zweiten Weltkrieg berichten Romana Buchenberg und Markus Naumann im „Allgäuer Geschichtsfreund" 2006: Nach einer Statistik befanden sich Ende September 1944 im Arbeitsamtsbezirk Kempten sogar 13.594 ausländische Arbeitskräfte, darunter 5.864 Ostarbeiter - die Kriegsgefangenen und Häftlinge nicht einmal mitgezählt! Für sie schlug nun, mit dem Einmarsch der Amerikaner, die Stunde der Befreiung.

Die Amerikaner betrauten Heinrich Zölch mit der Leitung der Stadt. Der Zweite Weltkrieg war für Kempten damit zu Ende. Nicht aber die Trauer über die unvorstellbaren Opfer in fast allen Familien, das jahrelange, oft vergebliche Warten auf Vermisste und Kriegsgefangene.

Zerbombte Artilleriekaserne 1945.

Ein Neubeginn

Frühling 1945. Die Stadtoberhäupter wechseln wie das Wetter. Heinrich Zölch bleibt nur wenige Wochen verantwortlich. Dann setzt die Besatzungsmacht am 24. Mai 1945, kommissarisch freilich, den 1942 entlassenen Dr. Otto Merkt wieder ein. Er kann nicht viel ausrichten. Zwar leitet er erste Maßnahmen ein, um die Versorgung der Bevölkerung zu sichern und ein Chaos zu verhindern; aber es gelingt ihm nicht, bewährte Verwaltungskräfte zu halten. Denn wer in der NS-Zeit mitgemacht hat, darf keine verantwortliche Tätigkeit mehr ausüben. Der einstige Zweite Vorsitzende des Arbeiter- und Soldatenrats von 1919, Adolf Schmidt, plädiert für eine rigorose Entnazifizierung und nimmt von sich aus erste Verhaftungen vor. Er wird von der Militärregierung am 15. Mai 1945 zum Landrat ernannt. Otto Merkt aber steckt man noch im Juli vorübergehend in ein Internierungslager; schließlich war auch er in der „Partei". Einstweilen steht nun Bezirksheimatpfleger Dr. Alfred Weitnauer als ehrenamtlicher Bürgermeister an der Spitze der Stadt. Aber nur wenige Tage: Schon am 3. August wird Stadtkämmerer Bernhard Stirnweiß sein Nachfolger.

Inzwischen bewältigten Kommunisten, Sozial- und Christdemokraten die Verwaltung. Noch im Herbst entstanden im Lande Spruchkammern, um ehemalige Nationalsozialisten abzuurteilen. Bis 1949 ging es in Kempten um mehr als 3.000 Fälle. Schließlich wurde die Kammer (so Herbert Müller 1989 in der „Geschichte der Stadt Kempten") zu einer Art „Mitläufer-Fabrik", und ganze neun „Hauptschuldige" blieben übrig.

Ende 1945 wurden politische Parteien zugelassen. CSU und SPD bildeten sich in Kempten als stärkste Gruppierungen heraus, später allerdings bei Stadtratswahlen zeitweise noch übertroffen von einer bürgerlichen Vereinigung, der „Freie Wähler-ÜP", die auch im Stadtparlament von 2015 mit acht Sitzen noch eine beachtliche Fraktion stellt. Kurze Zeit spielte zudem die damalige „Wirtschaftliche Aufbau-Vereinigung" eine größere Rolle. Die Bayern-Partei fand in den ersten Jahren starken Zuspruch, die Heimatvertriebenen waren in einer eigenen Liste vertreten, und die Freien Demokraten sind seit 1946 präsent.

Die Wohnungsnot bildete das größte Problem in der Stadt. Trotz vieler Neubauten war die Knappheit schon vor dem Krieg beträchtlich, zumal zahlreiche Wohnungen arg sanierungsbedürftig waren. Bereits 1940 suchten 850 Kemptener Familien eine Wohnung! Zwar hatten die Bomben nur 1,8 Prozent des Raumbestandes vernichtet. Aber zum einen wurden noch 1948 zahlreiche Häuser von der Besatzungsmacht beschlagnahmt (am 27. April des Jahres fand deshalb eine Protest-Demonstration vor dem Rathaus statt); zum anderen galt es, immer mehr Heimatvertriebene unterzubringen.

Der erste große Transport Vertriebener aus dem Sudetenland traf am 27. März 1946 auf dem Kemptener Hauptbahnhof ein. Weitere Transporte folgten. Bis Mitte 1947 waren es schon fast 5.000 Menschen, nicht nur aus dem Sudetenland, sondern besonders auch aus Schlesien und Westpreußen. Anfang 1950 zählte Kempten rund 9.700 Heimatvertriebene. Dazu kamen Verschleppte aus der NS-Zeit, Evakuierte und weitere Flüchtlinge - alle waren hier zusätzlich aufzunehmen und zu versorgen.

Ein grauenhaftes Unglück ereignete sich am 29. September 1946. Amerikanische Besatzung und deutsche Behörden hatten zu einem Kinderfest auf dem Illersportplatz eingeladen. Das Hauptinteresse der Besucher galt den von der Militärregierung zur Verfügung gestellten Süßigkeiten. Der Hunger führte zu einem unvorstellbaren Gedränge der weit über 20.000 Menschen, nicht nur auf dem Platz, sondern auch auf dem Illersteg, der einer derartigen Belastung nicht mehr gewachsen war. Gegen 15.45 Uhr knickte das Mittelteil ein und stürzte ins Wasser, etwa 150 Menschen mit sich reißend. Die ausbrechende Panik war unbeschreiblich. Trotz sofortiger Bergungsaktionen fanden sechs Menschen den Tod, etwa 200 wurden verletzt.

Am 23. August 1946 wurde Rechtsanwalt Dr. Anton Götz aus München mit den Stimmen der CSU-Mehrheit zum Oberbürgermeister gewählt. Als sein Stellvertreter und Bürgermeister erhielt Albert Wehr, SPD, sämtliche Stimmen des Stadtrats. Zwei Jahre später, 1948, trat Dr. Georg Volkhardt, zuvor Oberbürgermeister von Kaufbeuren, als Kemptener Stadtoberhaupt die Nachfolge von Götz an. Volkhardt reorganisierte zunächst die anfangs noch fast ohne Fachkräfte tätige Verwaltung.

Immer wieder erstaunt, dass es damals zu keiner sozialen Explosion kam, dass bei allem Elend doch die Erleichterung über das Kriegsende und immer stärkerer Optimismus Platz griffen und dass in kurzer Zeit hier wenigstens die äußeren Wunden des Krieges geheilt wurden. Die drei beschädigten Illerbrücken wurden 1946, 1947 und 1949 instand gesetzt. Die St. Mang-Kirche, die einen Bomben-Volltreffer abbekommen hatte, war 1952 fertig. Auch das Haubenschloß erstand neu. Sogar die Restaurierung eines Teils der Residenz war 1952 möglich.

Schon seit Ende 1945 erschien in Kempten wieder eine Zeitung, „Der Allgäuer". Es war dies, wie es in der ersten Ausgabe vom 13. Dezember hieß, eine „freie deutsche Zeitung", die allerdings nicht die Freiheit hatte, die Besatzungsmacht zu kritisieren. Erst ab 1953 konnte das Blatt täglich herauskommen.

Die Wirtschaft nahm einen verblüffend schnellen Aufschwung. Zu dem Wirtschaftswunder trugen wesentlich auch die Heimatvertriebenen bei. Schon bis 1948 hatten Neubürger in Kempten 192 Betriebe eröffnet! Freilich hatte im selben Jahr die Währungsreform entscheidende Impulse gegeben.

Mehrere bestehende Unternehmen ließen bereits in den ersten Nachkriegsjahren ihre Produktion wieder anlaufen. Milch- und Käsewerke, Maschinen- und feinmechanische Industrie, zunächst auch die Papierindustrie, lagen gut im Rennen. Dass die Baustoff- und Baumaschinenindustrie besonders gefragt war, lag nahe. Insgesamt hatte Kempten um 1950 schon den Vorkriegsstand der Beschäftigtenzahl erreicht.

1952 wurde August Fischer zum Oberbürgermeister der Stadt gewählt, und sein erstes Ziel war der „Großkampf gegen die Wohnungsnot". Zuvor aber war es Oberbürgermeister Dr. Volkhardt und Bürgermeister Wehr gelungen, mit der Schaffung der „Allgäuer Festwoche" eine neue Kemptener Tradition zu begründen.

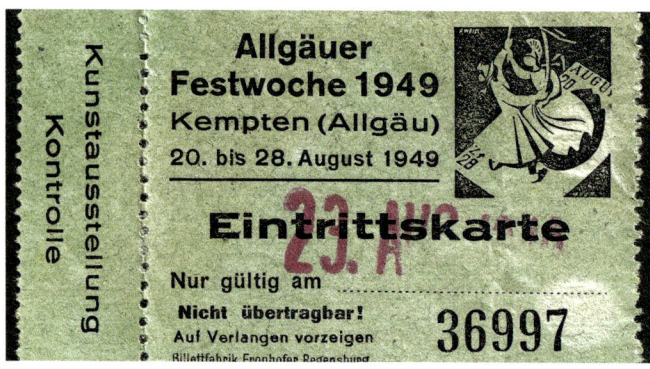

Eintrittskarte der 1. Allgäuer Festwoche 1949.

Schaufenster des Allgäus

Um nach Kriegsende das Wirtschaftsleben der Stadt zu fördern, regte Oberbürgermeister Dr. Volkhardt kurz nach seinem Amtsantritt zusammen mit Bürgermeister Wehr an, alljährlich eine Art Messe zu veranstalten. Schon der vorherige Oberbürgermeister Dr. Götz hatte 1948 mit einer Kulturwoche unter dem Motto „Kemptener Kunst und Können" einen Versuch in dieser Richtung initiiert. Jetzt wurden neue Wege eingeschlagen. Bereits 1949 ging die erste „Allgäuer Festwoche" über die Bühne. Sie wurde, genau wie ihre bisher 65 Nachfolger, ein Volltreffer. Albert Wehr war seit Anbeginn ein Vierteljahrhundert lang prägender Gesamtleiter dieses festlichen Ereignisses. „Die Grundkonzeption der ersten Allgäuer Festwoche hat sich in vier Jahrzehnten bewährt. Der Dreiklang von Wirtschaft, Kultur und Geselligkeit und die Verbindung mit Tagungen und Sonderschauen bleibt die Konstante im Ablauf aller Festwochen", schrieb Jenny Feil 1988 (in „40 Jahre Allgäuer Festwoche"). Seit 1978 lautet denn auch der Untertitel für die festlichen Tage im August: „Wirtschaftsmesse - Kulturtage- und Heimatfest".

Was den besonderen Reiz dieser von jeweils fast 400 Ausstellern beschickten Messe ausmacht: In Kempten ist „...bewusst das Ausstellungs- und Festgelände in die Mitte der Stadt verlegt worden, um jenes Fluidum zwischen Bevölkerung und Ausstellung herzustellen, das für eine derartige Veranstaltung notwendig ist. Die Ausstellung erfolgt so im Mittelpunkt der Stadt, wie Kempten Mittelpunkt des Allgäus ist". Dies erklärte Architekt Sepp Zwerch, einer der Männer der ersten Stunde, im Katalog für die allererste Festwoche 1949.

Seit 1962 freilich gab es Überlegungen, das Festgelände an den Stadtrand zu verlegen. Den Vorteilen für die Veranstaltung im Herzen der Stadt (grüner Rahmen des Stadtparks, Tuchfühlung mit den Geschäften, Nachbarschaft anderer Veranstaltungsorte wie Residenz und Kornhaus) stehen auch gewichtige Nachteile gegenüber; vor allem Lärmbelästigung für Anwohner und, trotz Übergreifens des Festgeländes auf den Bereich westlich der Salzstraße, zunehmender Raummangel für die Aussteller. Noch in jedem Jahr hatte sich der Festwochen-Ausschuss für einen Verbleib im Zentrum ausgesprochen.

Wie dem auch sei: Die Festwoche gilt als Schaufenster des Allgäus, als Zäsur im Jahreslauf städtischen Geschehens, ja, für die Kemptener gleichsam als „fünfte Jahreszeit". Markenzeichen ist seit Anbeginn das von Kunstmaler Franz Weiß kreierte „tanzende Pärchen". Ministerpräsidenten und Minister haben der Veranstaltung die Ehre gegeben. Mit der Wirtschaftsmesse ist stets die große Kunstausstellung des „Berufsverbandes Bildender Künstler Schwaben Süd" verbunden (seit 1969 im Hofgartensaal der Residenz). Das Zelt der Milchwirtschaft, Tierschauen, Theateraufführungen und Konzerte, Veranstaltungen u.a. von Schützen, Reitern, Rad- und Ballonfahrern und vor allem beschwingte Geselligkeit gehören dazu. Schon bereits im ersten Jahr wurden 100.000 Liter Bier im Festzelt ausgeschenkt, und im Weinzelt spielte die Verbundenheit mit der befreundeten Stadt Bad Dürkheim mit. Nicht selten ist die Festwoche zudem Anlass, ein kommunalpolitisches Ereignis zu feiern; sei dies ein Gärtnertag, sei es, wie 1962 und 1968, die bayerische Gartenbau-Ausstellung, 1950 die Zweitausend-Jahr-Feier der Stadt Kempten mit historischem Festzug oder 1952 die Weihe der neuerbauten St. Mang-Brücke durch Abt Vitalis Maier aus Ottobeuren. 1994 eröffnete Ministerpräsident Edmund Stoiber das Modellprojekt „Integriertes Wohnen" an der Brennergasse.

Dass die Festwoche wie eh und je den Leistungsstand von Industrie, Handwerk und Fremdenverkehr des ganzen Umlandes aufzeigt, wird aus folgenden Daten deutlich: 1949 kamen 75 Prozent aller Aussteller aus dem Allgäu; 2014 waren es zwar „nur" mehr 49 Prozent, aber die meisten weiteren Firmen stammten aus dem übrigen Schwaben bzw. Bayern und Württemberg, aus dem angrenzenden Österreich und der nahen Schweiz. Und dass die festlichen Tage unverminderten Anklang finden, ist gleichfalls nicht zu bestreiten. Bis 2014 sind über acht Millionen Ausstellungsbesucher und weitere Millionen Abendgäste zum Festgelände gekommen. Zählte die erste Festwoche schon 123.000 Besucher, so wurde später mitunter die Zahl 200.000 überschritten, zum Beispiel 1968 mit 277.000 Besuchern. In den vergangenen Jahren pendelte sich die Zahl bei 185.000 Besuchern ein, davon 110.000 Tages- und 75.000 Abendbesucher. 81 Prozent der Besucher sind in einem Umkreis bis 50 Kilometer zu Hause, die Kemptener steuern dazu 26 Prozent bei. Fast alle Besucher – 98 Prozent – gaben zu Protokoll, dass ihnen die „bunte Mischung aus allem" gefalle. Und wenn sich seit 1994 für die Wirtschaftsausstellung jeweils rund 600 Firmen um einen Standplatz bewerben, von denen immerhin rund 400 berücksichtigt werden können, so spricht dies nach wie vor für das rege Interesse der Aussteller aus nah und fern. Schließlich ist die Kauflaune weiterhin hoch: Im Durchschnitt gaben die Festwochenbesucher 161 Euro aus - ohne Verzehr.

Die Verbindung zu den europäischen Nachbarn, die mit der Gründung der „EUREGIO via salina Allgäu-Außerfern-Kleinwalsertal/Bregenzerwald" eine neue

Qualität der Zusammenarbeit erfahren hat, fand auf der Festwoche 1997 einen besonderen Niederschlag: Die Tiroler Bezirke Reutte und Landeck präsentierten sich in einer viel beachteten Gemeinschaftsausstellung.

Im beliebten Bierzelt der Allgäuer Festwoche.

Ein Highlight der Allgäuer Festwoche ist das alljährliche Lichterfest.

„Gründerjahre"

Böse Zungen behaupteten einmal, der Rundblick vom höchsten Stockwerk des städtischen Verwaltungsgebäudes an der Kronenstraße (früher 4P-Haus) auf die Innenstadt und ihr Umfeld sei der schönste ganz Kemptens; deshalb nämlich, weil hier die einzige Stelle sei, von der aus man dieses die Altstadt überragende Gebäude nicht sehen könne. Freilich gab es damals das - allerdings knapp außerhalb der einstigen Stadtmauern entstandene - Zentralhaus noch nicht...

In der Tat sprengt das Haus an der Kronenstraße die Größenverhältnisse des historischen Zentrums. Aber es ist weder das erste noch das einzige Bauwerk der Innenstadt, das diesen Maßstab nicht einhält. Und Kempten ist keineswegs die einzige Stadt, der Denkmalpfleger „Todsünden" vorwerfen.

Was waren das für „Gründerjahre", in denen durch Flächensanierung ganze Gebäude-Ensembles versanken und neue Straßen historische Strukturen zerstörten?

Zunächst waren Tausende neuer Wohnungen angesichts Tausender von Heimatvertriebenen und des miserablen Zustandes zahlreicher Altstadt-Häuser dringend notwendig. Man konnte mitunter durchaus von Slums sprechen. Die Stadt rief 1956 eine eigene Baugesellschaft, „Sozialbau", ins Leben, die binnen 25 Jahren rund 4.000 Wohnungen errichtete, also umgerechnet im Schnitt fast jeden zweiten Tag eine neue Wohnung. Ab 1958 galt diese Bautätigkeit vor allem auch der Altstadt-Sanierung, für die Kempten 1963 „Studien- und Modellvorhaben des Bundes zur Stadt- und Dorferneuerung" wurde. Das bedeutete, dass erhebliche öffentliche Geldmittel in die Stadt flossen, nämlich schon in den ersten zehn Jahren rund 50 Millionen Mark. Andererseits erbrachte Kempten eine Pionierleistung, man betrat völliges Neuland. Neben Erfolgen stand denn auch so mancher Fehlgriff. Kempten wurde für lange Jahre gleichsam zum Mekka der Stadterneuerer. Zum weiteren Wohnungsbau trugen umfangreiche Vorhaben der Bau- und Siedlungsgenossenschaft sowie der Gemeinnützigen Baugenossenschaft bei.

August Fischer, von 1952 bis 1970 Oberbürgermeister, gilt als der Mann, der maßgeblich die Schaffung des „neuen Kempten" vorantrieb und verwirklichte. Was Kempten einmal in der Antike und dann nochmals im Mittelalter gewesen war, wurde es nun erneut: Handels- und Geschäftszentrum einer ganzen Region. Und dazu eine Schulstadt von hohem Rang.

Gewiss, moderne Warenhäuser setzten ungewohnte Akzente - eines am Freudenberg, etwa da, wo einst das Fischertor stand, und ein anderes ausgerechnet an der Nahtstelle von einstiger Reichs- und Stiftsstadt. Aber zwischen diesen beiden Eckpunkten bildete sich die Haupteinkaufsachse. Gewiss, die Fußgängerzone Fischerstraße wurde später mitunter als unbefriedigend empfunden; aber sie war 1970 die erste ganz Schwabens. Der sogenannte „Durchbruch Kronenstraße" zerstörte zwar eine gewachsene Struktur, indem er dem Rathausplatz Durchgangsverkehr bescherte. Doch ohne die neue Nord-Süd-Verbindung wäre die parallele Fußgängerzone kaum denkbar gewesen; abgesehen davon hatte die Denkmalpflege diesen „Durchbruch" sanktioniert, obwohl ein historisches Gebäude, das „Gasthaus zum Kreuz", abgerissen werden musste. Das Warenhaus nahe der Residenz will so gar nicht ins historische Bild passen; aber zuvor stand hier der Schlachthof, und der war wahrlich kein Kleinod. Und die vergammelten

Brauereigebäude südlich des Rathausplatzes, die sich einst anstelle des modernen Verwaltungsgebäudes befanden, boten einen trostlosen Anblick.

In jenen Jahren des Wirtschaftswunders und der hektischen Stadterneuerung sind zwar wertvolle Zeugnisse der Vergangenheit zerstört worden, so dass man statt von „Flächensanierung" nicht selten von einem „Kahlschlag" sprechen konnte (so Wolfgang Petz). Andererseits geschah von privater Seite, Stadt, Land und Firmen auch viel zur Erhaltung historischer Gebäude. So wurde das Haus der 1419 gegründeten Müßiggengelzunft, das versteckt und verkommen im Hinterhof einer Brauerei lag, beispielhaft restauriert; allein schon seine Renaissance-Fassade ist sehenswert. Zu bedauern bleibt, dass das Umfeld mit teilweise wenig altstadtgemäßer, neuer Bebauung diesem Kleinod nicht gerecht wird. Umfangreiche Erneuerungsarbeiten galten der Residenz, der Orangerie (seit 1945 Unterkunft für Obdachlose, heute Stadtbibliothek) und dem Kornhaus, dessen Festsaal die Funktion der Stadthalle übernahm und in dem das Heimatmuseum eingerichtet wurde.

Hinzu kamen u.a. das Landhaus aus dem Jahr 1732 (einst Sitz der „Hochfürstlichen Landschaft"), das Zumsteinhaus, in dem sich das Naturkunde- und Römische Museum befindet, das Schlößle oberhalb der Freitreppe sowie die Häuser der ehemaligen Patrizierfamilie König mit ihrer einzigartigen Fassaden-

August Fischer

bemalung. Das Stadttheater, im späten Mittelalter Salzstadel, wurde erneuert und erhielt ein schmuckes Foyer. Die seit über einem halben Jahrhundert bestehende Kemptner Theatergemeinde ist erfolgreich bemüht, namhafte Solisten und Ensembles für eine Vielzahl von Konzerten und Theateraufführungen zu gewinnen. 1950/51 wurde zudem die Freilichtbühne auf der Burghalde errichtet.

Gegenüber der Residenz ließ die Stadt die 1769 entstandenen veralteten „Langen Stände" (einst Devotionalienhandlungen) erneuern. Der ehemalige Exerzierplatz daneben wandelte sich in die hübsche Zumsteinwiese.

All dies geschah im Herzen der Stadt. Was aber leider nicht gelang: Aus der „Einkaufsachse Fischerstraße/Klostersteige" ließ sich kein „Einkaufsdreieck" schaffen, das zentrale Altstadtbereiche mit Rathaus- und St. Mang-Platz mit einschloss. Während in der Fußgängerzone ein immer regeres Leben pulsierte, blieben trotz Sanierung weite Teile der Altstadt im geschäftlichen Abseits.

Mehrere Baugebiete am Stadtrand wurden ausgewiesen; ganze Stadtteile entstanden in den fünfziger und sechziger Jahren neu, so der Bereich Thingers-Lotterberg-Halde im Norden, der Bühl im Osten, Steufzgen und Göhlenbach im Westen, dann Franzosenbauer im Süden. Im Zusammenhang damit wurden kleinere Zentren geschaffen, neue Gotteshäuser errichtet, nämlich die katholischen Kirchen St. Michael, St. Ulrich, St. Franziskus und zuletzt, 1986, St. Hedwig, im Zentrum außerdem Christi Himmelfahrt; dazu kamen für junge evangelische Gemeinden die Johannes-, Markus- und Matthäuskirche.

Es ist heute kaum mehr zu glauben, in welcher Geschwindigkeit weitere Einrichtungen der Infrastruktur Wirklichkeit wurden. Schulen (z.B. Neubauten für drei Gymnasien), Altenheime, Spielplätze, Kindergärten. Im Norden wuchs 1958/64 das moderne Stadtkrankenhaus empor, und zentrumsnah legte die Stadt einen weiträumigen Friedhof an.

Wenn in den neunziger Jahren die Bewältigung des immer stärkeren innerstädtischen Straßenverkehrs zu einem Hauptproblem geworden ist, so kann man sich kaum vorstellen, wie die Situation erst wäre, gäbe es den „Mittleren Ring" nicht, jene autobahnähnliche Umgehungsstraße, die die Innenstadt heute wenigstens vom Durchgangsverkehr entlastet. Unter August Fischer begann der Bau. Einen Markstein bildete die Freigabe der modernen Nordbrücke über die Iller 1967. Seit 1986 war, abgesehen von zwei restlichen Kreuzungs-Ausbauten, der gesamte Ring in Betrieb.

Bleibt zu erwähnen, dass Kempten seit 1956 wieder Garnison ist. Zunächst war hier ein Luftlande-Jägerbataillon stationiert. Mit dieser Einheit verknüpft sich die Erinnerung an das bisher wohl schwerste Unglück der Bundeswehr: Ein stellvertretender Zugführer hatte seinen Soldaten am 3. Juni 1957 befohlen, gleichsam als Übung die Iller zu durchschreiten. Von der Strömung mitgerissen, fanden dabei 15 junge Männer den Tod. Eine Gedenkstätte an der Laubener Straße gemahnt heute an jenes tragische Geschehen. Nach den Fallschirmtruppen zogen 1960 wieder, wie schon vor dem Zweiten Weltkrieg, Gebirgsjäger ein.

Das Müßiggengelzunfthaus sollte abgebrochen werden.

Vier Chancen

Vier große Chancen haben sich der Stadt in den Jahrzehnten nach dem Krieg geboten. Sie haben neue Entwicklungsmöglichkeiten eröffnet und teils bereits zu bedeutenden Verbesserungen der Infrastruktur geführt.

Die erste Chance, noch unter August Fischer: Die Bundesbahn gab ihren „Sackbahnhof" mit dem anschließenden Gelände auf und schuf 1968/69 einen neuen, 1,2 Kilometer weiter südlich gelegenen Hauptbahnhof. Damit fiel der Zubringerverkehr mit Triebwagen weg, der bis dahin zwischen Hegge und Kempten für fast alle durchgehenden Züge erforderlich war. Die Stadt griff tief in ihren Stadtsäckel und erwarb das rund elf Hektar große, frei gewordene Gelände. Zehn Jahre später konnte hier für ein modernes berufliches Bildungs- und Schulzentrum Hebauf gefeiert werden.

Die Sache hatte natürlich einen Haken: Für Bewohner und Besucher der Stadt wurde damit der Weg zwischen Bahnhof und City beträchtlich länger. Schade, ein zukunftsträchtiges Konzept des städtischen

Der Alte Bahnhof wurde 1971 abgerissen.

Tiefbauamtes aus jenen Jahren blieb in der Schublade, eine Untergrundbahn nämlich, die ohne größere Hausabbrüche vom neuen Hauptbahnhof zum Königsplatz und zur Residenz hätte führen können; eine Art Mini-U-Bahn, die eine Schnellverbindung hergestellt und so manchen späteren Verkehrsproblemen vorgebeugt hätte...

Die drei weiteren Chancen, auf die noch zurückzukommen ist: Unter Fischers Nachfolger Dr. Josef Höß eröffnete die Gebietsreform mit der Eingemeindung der bis dahin selbständigen Nachbarkommunen Sankt Mang und Sankt Lorenz völlig neue Perspektiven.

1993, unter Oberbürgermeister Dr. Wolfgang Roßmann, bahnte sich die Freigabe des großen Areals der Prinz-Franz-Kaserne an. Auch hier haben sich damit neue städtebauliche Aspekte angeboten.

Schließlich wurde unter Dr. Ulrich Netzer, seit 1996 Oberbürgermeister, eine völlige Neugestaltung des Bereiches ehemaliger Bahnhof/August-Fischer-Platz und Grundstück des Allgäuer Zeitungsverlages aktuell.

Das Forum Allgäu eröffnete 2003.

1972: Das größere Kempten mit Sankt Mang und Sankt Lorenz

Genau 154 Jahre währte die Selbständigkeit zweier Gemeinden, welche die Stadt Kempten umringt haben: Sankt Mang und Sankt Lorenz. 1818 waren vom frisch vereinigten Kempten etliche eingemeindete Gebiete abgezwackt worden, aus denen am 4. Juni 1818 die genannten Gemeinden gebildet wurden; westlich der Iller Sankt Lorenz mit 54 und östlich des Flusses Sankt Mang mit 52 Dörfern, Weilern und Einöden. Im Juli 1972 hatte die Eigenständigkeit ein Ende. Beide Gemeinden wurden im Zuge der bayerischen Gebietsreform an Kempten angeschlossen. Bedingt konnte man in der Stadt von einer „Wiedervereinigung" sprechen.

Zwischen 1818 und 1972 liegt aber eine bedeutsame, beispielhafte Aufbauleistung dieser Gemeinden. Keine von beiden hatte einen namengebenden Mittelpunkt. „St. Mang ist eigentlich eine Art Siedlungsverband, ein Ausnahmefall unter den Gemeinden Deutschlands", schrieb der frühere Bürgermeister Franz Xaver Eberspacher 1955 in der Gemeindechronik von Heinrich Uhlig. Kritiker hätten gemeint, ein solches Gebilde könnte nicht lebensfähig sein. Dennoch habe die Gemeinde sich „emporgearbeitet zu einem blühenden Gemeinwesen". Diese Worte dürfen ebenso für Sankt Lorenz gelten. Sankt Mang war zudem die größte Gemeinde des Landkreises Kempten.

Erster Gemeindevorsteher von Sankt Mang wurde 1818 der vorherige Hauptmann von Lenzfried, Honorius Merk; letzter Bürgermeister war Ludwig Jaud (SPD), zugleich Landtagsabgeordneter. Die einwohnerstärksten Ortsteile waren - im Süden baulich zusammengerückt - Schelldorf, Kottern und Neudorf sowie im Osten und Norden Lenzfried, Leubas und Ursulasried. Am Ende zählte Sankt Mang rund 10.000 Einwohner.

Die Aufbauleistung dieser Gemeinde erstreckte sich nicht nur auf mehrere Schulen vor allem in Lenzfried, Kottern und Schelldorf (zuletzt die Robert-Schuman-Schule mit Hallenbad), auf Straßen und Wasserversorgung. Vielmehr stand (und steht) hier angesichts großer Industriebetriebe der Wohnungsbau im Vordergrund. Die heutige Bau- und Siedlungsgenossenschaft Allgäu (1906 als „Bau- und Sparverein Kempten und Umgebung" gegründet) hat daran wesentlichen Anteil: Den Auftakt bildete 1908 die Errichtung der „Alten Kolonie" in Schelldorf, einen Höhepunkt unter dem tatkräftigen letzten Bürgermeister dann die Gestaltung des modernen Ortskerns im Oberösch.

Die Gemeindeverwaltung, ursprünglich in Lenzfried, siedelte 1912 in die Ludwigstraße um und kam 1920 zur Duracher Straße. Reges kirchliches Leben beider Konfessionen wird u.a. aus dem Neubau der katholischen Pfarrkirche Mariä Himmelfahrt in Kottern (1922) und der evangelischen Christuskirche (1927) deutlich. Industrie siedelte sich zunächst entlang der Iller an, so die Spinnerei und Weberei Kottern und die Baumwoll-Zwirnerei Denzler. Ab 1922 wurde dann das Elektroschmelzwerk gebaut. Weiter entstanden u.a. die Schuhfabrik Haag und die Dixie Union.

Sankt Mang hat seine ursprüngliche Gemeindefläche bis 1972 im wesentlichen behalten können, mit einer größeren Ausnahme: 1937 wurde im Zusammenhang mit den damaligen Kasernenbauten das Gebiet Seggersbogen mit rund 143 Hektar an die Stadt abgetreten.

Schlimmer war der wiederholte Aderlass, den Sankt Lorenz hinnehmen musste. Hier bildete sich Heiligkreuz (seit 1945 Sitz der Verwaltung) als Gemeindemittelpunkt heraus. Erhebliche Bedeutung ist auch seit je dem Ortsteil Hirschdorf mit seinem Kirchlein zugekommen, das 1774 anstelle einer gotischen Kapelle erbaut wurde. Dort wie in Heiligkreuz wurden nach dem Zweiten Weltkrieg neue Schulgebäude errichtet. Zu den weiteren Leistungen der seit 1952 von Bürgermeister Josef Kammerlander (FDP) geleiteten Gemeinde gehörten die Erfüllung notwendiger Versorgungsaufgaben, der Ausbau von 33 Kilometern Gemeindestraßen und die Industrieförderung. Der erste Vorsteher der Gemeinde war übrigens Anton Mayer gewesen; er hatte von 1818 bis 1848 amtiert.

Auf Drängen der Stadt verlor Sankt Lorenz in den Jahren 1934/35 den größten Teil seiner Fläche und auch seines Gewerbegebietes an die Stadt Kempten. Von ursprünglich über 3.000 Hektar und mehr als 4.000 Einwohnern blieben noch knapp 1.500 Hektar mit genau 1.143 Bewohnern, berichtet das Heimatbuch von Sankt Lorenz, das Martin Fuchsenthaler 1989 zusammengestellt hat. Thingers und Lotterberg, Steufzgen und Eggen, Stadtweiher, Adelharz und weitere Ortsteile gehören seither zu Kempten. Vor der Gebietsreform zählte Sankt Lorenz dann fast 2.000 Einwohner.

Dass sich die Stadt in ihrer Entwicklung weiterhin beengt sah, liegt auf der Hand. Schon 1900 liefen Bestrebungen, Schelldorf einzugemeinden. 1933 verstärkten sich diese Bemühungen, und es kam zu manch unliebsamer Konfrontation. Einschlägige Forderungen der Stadt 1942 wurden schließlich als Grund für das Ausscheiden Dr. Merkts aus dem Amt des Oberbürgermeisters genannt.

Nach dem Zweiten Weltkrieg ging's weiter. Aufgrund neuerlicher Eingemeindungsabsichten der Stadt wurde im Gemeinderat wörtlich erklärt: „Wir werden St. Mang mit Barrikaden am Durchlaß verteidigen..." (Zitat nach der Sankt Manger Chronik). Um so bemerkenswerter, dass es dann 1972 zu keinem Widerstand kam und dass sich überraschend schnell ein Zusammengehörigkeitsgefühl entwickelte. Und das, obgleich zuvor Abstimmungen eindeutig ergeben hatten, dass die Mehrheit der Bevölkerung keineswegs einen Zusammenschluss mit Kempten wünschte. In Sankt Lorenz erwog man sogar eine Fusion mit Wiggensbach.

Wenn sich die Entwicklung zumindest nach außen verhältnismäßig harmonisch darstellte, dann aus mehreren Gründen. Zum einen mochte man in Sankt Mang und Sankt Lorenz im Zusammengehen mit der Stadt auch gewichtige Vorteile gesehen haben. Zum anderen bemühte sich Oberbürgermeister Dr. Josef Höß erfolgreich, durch ständige Kontakte mit der Bevölkerung Verständnis für die bayerische Gebietsreform zu wecken. Zum dritten blieb die Stadt darum bemüht, ein Eigenleben der neuen Stadtteile zu erhalten. Nicht zuletzt aber zeigten sich die neuen Stadträte besonders kooperativ: Es gab keine „Liste" dieser oder jener Teilgemeinde, wie dies in der 1818 vereinigten Alt- und Neustadt noch bis 1908 der Fall gewesen war. Vielmehr rückten die Mandatsträger von vornherein in die vorhandenen Fraktionen ein.

Dass die Stadt Kempten durch das Anwachsen ihrer Fläche von 24 auf 63 Quadratkilometer (die Einwohnerzahl kletterte von 46.000 auf 58.000) nun ganz andere Möglichkeiten erhielt, um neue Siedlungsgebiete, Gewerbeflächen und auch Erholungsbereiche zu entwickeln, ist das Positive an der Reform. Dabei ist aber nicht zu vergessen, dass gewachsene Einheiten zerschlagen wurden. Der Landkreis Kempten, zum größten Teil das Gebiet des einstigen Fürststifts umschließend, verlor nicht nur seine Mitte, sondern einen erheblichen Teil seiner Bevölkerung und Wirtschaftskraft und wurde mit dem Landkreis Sonthofen zum „Oberallgäu" zusammengeschlossen. Die Stadt Kempten, weiterhin „kreisunmittelbar", also - in Erinnerung ans einstige Reichsstadt-Dasein - nicht dem Landratsamt, sondern direkt dem Regierungsbezirk zugeordnet, hat die zuvor in der Residenz untergebrachten Kreisbehörden verloren. Kreisstadt ist seit 1972 Sonthofen.

Kempten hat sich bemüht, die räumliche Eigenständigkeit von Heiligkreuz zu bewahren. Anfänglichen Bestrebungen, etwa zwischen Thingers und Heiligkreuz eine verbindende Bebauung vorzunehmen, wurde eine klare Absage erteilt. Heiligkreuz kommt schließlich nicht nur baulich eine herausragende Bedeutung zu; es ist vielmehr als Stätte eines Blutwunders von 1691 Ziel zahlreicher Wallfahrten. Zunächst wurde hier ein Holzkreuz errichtet. 1694 ließ Fürstabt Rupert von Bodman eine hölzerne Kapelle und 1711 statt dessen eine größere steinerne Kapelle bauen, den heutigen Chor des Gotteshauses. 1715 kamen Franziskanerpatres aus Lenzfried und gründeten ein Kloster. 1730/33 erhielt die Kirche durch einen Anbau ihre heutige Gestalt. Zuletzt 1985/88 erfolgte eine gründliche Renovierung.

Der Platz im Ortszentrum von Heiligkreuz wurde nach der Gebietsreform ansprechend neu gestaltet. Das gleiche gilt für den Platz an der Kirche von Lenzfried. Auch dieser neue Stadtteil hat seine eigene Prägung bewahrt. 1461 hatten sich hier Franziskaner niedergelassen, ihr Kloster wurde zwei Jahre später geweiht. An das Kloster schließt sich das 1466 St. Bernhard geweihte Gotteshaus an, das 1642 zur

Pfarrkirche St. Magnus erhoben wurde. Gleichfalls in Lenzfried befindet sich das ehemalige, inzwischen völlig umgestaltete Franziskanerinnen-Kloster St. Anna; 1647/49 errichtet, diente es nach der Säkularisation zunächst als Kranken- und Waisenhaus. Seit 1857 wirkten hier Arme Schulschwestern. Ihre Mädchenrealschule ist heute Außenstelle der Kemptener Maria-Ward-Schule, die Schwestern zogen sich 2007 aus dem Schuldienst zurück.

Etwas traurig stimmt hingegen die Situation in einem anderen „neuen" Ortsteil: Das Gotteshaus von Ursulasried gilt als das älteste der einstigen Gemeinde Sankt Mang. Schon 1378 ist hier nämlich eine der Hl. Ursula geweihte Kapelle bezeugt. 1683 wurde sie wiederhergestellt und 1864 umgebaut. Der kleine Ort um das Kirchlein ist heute gleichsam eine Traditionsinsel. Ringsum ist der moderne „Industriepark" der Stadt Kempten emporgewachsen, mit Müllverbrennungsanlage, mannigfachen Fabriken und Werkstätten. Die günstige Lage des großen verfügbaren Gebietes im Norden Kemptens unmittelbar an der Ulmer Bahnlinie und der neuen Autobahn hatte wohl keine andere Wahl gelassen.

Immerhin: In Sankt Mang wie in Sankt Lorenz ist die Erinnerung an die einstige Selbstständigkeit wach geblieben. Davon zeugt der „Ortsgeschichtliche Arbeitskreis Heiligkreuz", den Rudolf Geiss bis zu seinem Tode 2006 tatkräftig leitete, ebenso aber die Bürgerinitiative „Wir in Kottern", die sich erfolgreich u.a. um die Schaffung eines neuen Ortszentrums bemühte. Am 15. Juli 2006 konnte dieser Stadtplatz mit Brunnen eingeweiht werden. Die Geschichte der einstigen Gemeinde Sankt Mang hat Ralf Lienert in seinem Buch „Sankt Mang Blicke" 2002 detailliert beschrieben.

Jetzt Hochschulstadt

Kempten bietet eine besondere Vielzahl und Vielfalt von Bildungsstätten an. Hier gibt´s nicht nur drei Gymnasien, zwei Oberschulen, drei Realschulen, eine Wirtschaftsschule, neun Grund- und vier Mittelschulen, vier Förderschulen, drei private Ersatzschulen, vier Berufs- und sieben Berufsfachschulen, fünf weitere Fachschulen und drei Fachakademien, vier Berufsbildungsstätten, das Kolpingbildungswerk und die Volkshochschule mit der städtischen Sing- und Musikschule. Vielmehr ist die Stadt seit 1978 auch Sitz einer Fachhochschule für Technik, Informatik, Soziales und Wirtschaft. Der Gründung dieser „University of Applied Sciences" waren ein mehrjähriges Ringen um eine „Alpenuniversität" und schließlich der richtungweisende Beschluss des Bayerischen Landtags vorausgegangen. Ein weiteres herausragendes Projekt wurde seit 1979 verwirklicht, der Bau des beruflichen Schulzentrums auf dem einstigen Bahnhofsgelände.

In den Jahrzehnten zwischen 1970 und 1990 (nach dem parteilosen August Fischer war CSU-Mitglied Dr. Josef Höß, zuvor Stadtkämmerer, Oberbürgermeister) verzeichnete Kempten auch auf weiteren Sektoren einen Aufstieg. Höß entwickelte eine Vielzahl von Initiativen, und die wirtschaftliche Situation begünstigte mannigfache, teils kostspielige Vorhaben.

Nicht nur Schulen, Turnhallen, Sportplätze entstanden. Der Wohnungsbau blieb so intensiv, dass in Kempten 1975 an die 800 Wohnungen leer standen und Fachleute unkten, man habe am Bedarf vorbei gebaut. Kaum jemand ahnte, dass sich 15 Jahre später erneut empfindlicher Raummangel einstellen würde!

Das Mittelschiff der restaurierten St. Mang-Kirche.

Neue Siedlungsgebiete entstanden u.a. im Stiftallmey, im Thingerstobel, am Heubach und auf der Ludwigshöhe.

Man wollte Bausünden der Gründerjahre kaschieren und künftige Fehlentwicklungen vermeiden. Dem galten besonders ein neuer Flächennutzungsplan, eine „Gestaltungsverordnung", die nach gründlichen Voruntersuchungen zum Thema Stadtlandschaft beschlossen wurde, und eine Biotop-Kartierung, die für den Stadtbereich über 400 schützenswerte Biotope ergab. Die Stadtsanierung nahm an der Sutt, an der Stadtmauer und vor allem unter der Burghalde ihren Fortgang. An der Schützenstraße wurde das Haus der „Reichsstädtischen Münze" restauriert. Neben Kindergärten und Altenheimen entstanden das Haus der Senioren und das Jugendhaus. Fußgängerzonen wurden erweitert, Freitreppe und Rathaus restauriert und umgebaut, der schon erwähnte „Industriepark" geschaffen und historische Gebäude saniert, vom Stadtarchiv und der Stiftsmälzerei (heute Sing- und Musikschule) bis zum Marstall: Hier zogen 1990 das neue Alpinmuseum und die Alpenländische Galerie (mit spätmittelalterlichen Werken vor allem aus dem Allgäu) ein. Bei beiden handelt es sich um Zweigmuseen des Bayerischen Nationalmuseums.

In diesem Zusammenhang sei die auf Initiative von Oberbürgermeister Dr. Höß 1982 geschaffene Archäologische Abteilung der Stadt hervorgehoben, ebenso die Errichtung des Archäologischen Parks Cambodunum. Zahlreiche Grabungen in mehreren Stadtteilen vermitteln immer wieder wertvolle Informationen zur frühen Geschichte Kemptens. Die Allgäuer Volksbank ließ den prachtvollen Festsaal des Ponickau-Hauses sanieren, die restaurierte St. Mang-Kirche wurde 1970 wieder eingeweiht, neue Pfarrzentren entstanden (so St. Lorenz und St. Anton), dazu ein Gesellschaftszentrum Kolpinghaus und in der Altstadt das evangelische Gemeindezentrum.

Versorgung, Entsorgung und vor allem Umweltschutz haben an Bedeutung gewonnen. Seit 1972 bezieht Kempten „Fernwasser" aus dem Raum Ortwang/Burgberg; seit 1976 ist die Stadt ans Erdgasnetz angeschlossen. Nach einer noch aus erster Nachkriegszeit stammenden, veralteten Kläranlage wurde auf Laubener Flur ein modernes Klärwerk errichtet, das nach der mechanischen und biologischen 1989 auch eine chemische Reinigungsstufe erhielt. Die Kemptener Krankenhäuser von Stadt und Landkreis sind seit 1988 unterm Dach eines Zweckverbandes vereint. Bereits 1975 wurde im Norden eine Müllverbrennungsanlage in Betrieb genommen.

Seit 1976 ist Kempten an die Autobahn A7 angeschlossen, die heute eine durchgehende Verbindung vom Allgäu bis nach Dänemark bietet. Die Bauarbeiten wurden am 30. April 1974 durch ein schweres Unglück an der Leubas-Brücke überschattet; neun Menschen fanden damals den Tod, 13 wurden schwer verletzt. Gleichfalls 1976 wurde Kempten Sitz einer Polizeidirektion, deren Dienstgebäude „Auf der Breite" 1985 fertig gestellt wurde.

Mehrere neue Grünanlagen entstanden. Herausragend hier der Engelhalde-Park im Osten, in einer ehemaligen Kiesgrube, mit zwölf Hektar viermal so groß wie der 1885 geschaffene Stadtpark nebst Königsplatz. Im Norden wurde das Biotop Schwabelsberger Weiher (Gesamtfläche 18 Hektar) vor der drohenden Vernichtung gerettet und zu einer reizvollen Naherholungsanlage gestaltet. Nach Abbruch der früheren Notkirche Christi Himmelfahrt und deren Neubau und im Zuge der Stadtteil-Sanierung konnte das Westufer der Iller in einem Teilabschnitt der Öffentlichkeit erschlossen werden. Das Erholungsgebiet

Bachtelweiher, bereits von der Gemeinde Sankt Mang weitgehend ausgebaut, ist neu gestaltet; und im Westen wurde das Stadtbad erweitert und modernisiert.

Wo Licht ist, ist auch Schatten. Allen Bemühungen zum Trotz wurde 1983 die Polizeiwache beim Kemptener Rathaus aufgelöst; die einstige Stadtpolizei war noch unter August Fischer gegen bare Münze verstaatlicht worden. Und gleichfalls trotz heftigen Widerstandes der Anwohner hat die Bundespost ihr Amt am St. Mang-Platz aufgegeben. Kempten ist somit vermutlich die einzige einstige Reichsstadt, in deren (ehemaligen) Mauern sich weder eine Postagentur noch ein Polizeiposten befindet.

Auf dem Campus der Hochschule Kempten.

Freundschaft über Grenzen

Ein eigenes Kapitel ist das Bemühen Kemptens, Freundschaft mit anderen europäischen Städten zu pflegen. Da ist die bereits seit Jahrzehnten bestehende enge Verbindung mit Bad Dürkheim; Käse und Wein passen nun mal gut zusammen, und so sind die Allgäuer mit ihren Produkten auf dem Dürkheimer Wurstmarkt ebenso vertreten wie die Dürkheimer mit ihren edlen Tropfen auf der Allgäuer Festwoche. Gleichfalls schon zu Oberbürgermeister Fischers Zeiten, nämlich 1964, bahnte sich eine Freundschaft zwischen dem Carl-von-Linde-Gymnasium und dem Lycée der Elsässer Stadt Gebweiler an. Die Gemeinde Sankt Mang schloss am 10. April 1971 mit der Gemeinde Quiberon (Bretagne) einen Freundschaftsvertrag; die Beziehungen blieben nach der Gebietsreform ebenso herzlich. Am 8. Mai 1987 wurde, nach einer zehnjährigen Freundschaft, in Trient eine Partnerschaft begründet und, nach zweijährigen Kontakten, am 15. September desselben Jahres ein gleicher Vertrag mit der ungarischen Stadt Sopron, dem früheren Oedenburg, unterzeichnet. Schließlich erfolgte am 24. Februar 1990 ein ähnlicher Abschluss mit der irischen Stadt Sligo; die Gründungsurkunde ist übrigens dreisprachig abgefasst, nämlich nicht nur auf Deutsch und Englisch, sondern auch in gälischer Sprache. Schöner Gedanke am Rande: Das einst keltische Kempten pflegt, was Quiberon und Sligo betrifft, somit Freundschaft mit zwei gleichfalls ursprünglich keltischen Gemeinwesen.

Diese Städte-Freundschaften stehen keineswegs nur auf dem Papier. Allein im Jahr 1993 waren 74 Veranstaltungen und Begegnungen zu verzeichnen, nämlich 24 mit Sopron, 22 mit Trient, 13 mit Sligo, acht mit Bad Dürkheim und sieben mit Quiberon, ungerechnet mannigfache private Reisen. Der Freundschaftskreis „Partnerstädte Kempten" bietet zudem jährlich Sprach-Übungskreise und Lerngemeinschaften an, um die gegenseitige Verständigung zu fördern.

1994 wurden Bestrebungen laut, auch mit einer israelischen Gemeinde eine Partnerschaft zu begründen. Recht erfolgreich war eine Aktion, um die Wiederbegrünung weiter Flächen in Israel zu unterstützen. Spenden von Stadt und Bevölkerung trugen dazu bei, in Beer Sheva, am Rande der Negev-Wüste, einen „Kempter Wald" anzulegen. Der Träger dieser Aktion, die „Deutsch-Israelische Gesellschaft Kempten-Allgäu", konnte 1998 zur Einweihung dieses Waldes einladen.

1995 kam es zu einer herzlichen Begegnung mit der 600 Kilometer von Kempten entfernten, 22.000 Einwohner zählenden Stadt Autun in Burgund. Der Kemptener Stadtrat besuchte die französische Stadt und wurde dort im Rathaus empfangen. Allerlei geschichtliche Parallelen wurden deutlich. Beide Städte standen Jahrhunderte hindurch unter römischer Herrschaft, beide können aber auch auf eine vorrömische Vergangenhcit zurückblicken. Man beschloss, die Kontakte weiter zu vertiefen.

Mehrere Kemptener Bildungsstätten pflegen einen Schüleraustausch mit ausländischen Schulen, nicht nur jenen in den Partnerstädten. Als Beispiel sei die Maria-Ward-Schule genannt. Schon 1995 hatten Kemptener Mädchen ihre Partnerschule in Tallin/Estland besucht, und anschließend kamen Besucherinnen von dort in die Allgäu-Metropole.

Wie es das Schicksal will: Formell wurde ausgerechnet der älteste Städtefreund Kemptens, Bad Dürkheim, zum jüngsten offiziellen Partner: Die „Stadt-Ehe" wurde nämlich erst im Jahre 2001 geschlossen.

Verkehrsprobleme im Vordergrund

Von 1990 bis 1996 stand mit Dr. Wolfgang Roßmann ein Oberbürgermeister der SPD an der Spitze der Stadt. In seiner Amtszeit stellte die CSU weiterhin die stärkste Stadtratsfraktion. Die allgemeine Wirtschaftskrise wirkte sich zunehmend aus: Die Arbeitslosenzahl auch in Kempten stieg erheblich an, und der Stadtsäckel schrumpfte wie noch nie seit der Währungsreform 1948.

Trotzdem wurden vorbereitete Maßnahmen verwirklicht, vor allem die Neugestaltung und damit erfreuliche Belebung des Rathausplatzes, wobei es gelang, durch eine Verkehrsberuhigung den Übergang Kronenstraße zu entschärfen. Der Stadtrat entschied trotz der Finanzmisere, die schon freigelegten Reste der römischen Thermen zu überdachen und damit einen weiteren Abschnitt des Archäologischen Parks Cambodunum zu verwirklichen. Ein Innenstadt-Konzept sollte gravierende Verkehrsprobleme lindern. Immerhin waren in Kempten schon 1994 über 40.000 Kraftfahrzeuge zugelassen, das waren etwa tausend mehr als fünf Jahre zuvor. Im September 1995 wurde nach einjähriger Bauzeit die sogenannte „ZUM", die zentrale Umsteigestelle am Albert-Wehr-Platz, zwischen Königstraße und neu gestaltetem „alten Lyzeum", fertiggestellt: Sämtliche 26 Buslinien der „Verkehrsgemeinschaft Kempten" – dabei handelt es sich um den „Stadtverkehr" wie um die weiteren Verkehrsbetriebe des Altlandkreises – werden hier zusammengeführt. Um den Standort hatte es zuvor freilich Diskussionen gegeben, weil das Gelände der Allgäuer Festwoche empfindlich beschnitten werden musste. Andererseits hat das Busunternehmen „Stadtverkehr", einst vor allem auf Initiative von Bürgermeister Albert Wehr gegründet, seither verstärkten Zuspruch gefunden. Die Omnibusse beförderten allein 2006 mehr als 3,3 Millionen Fahrgäste.

Die Stadtmitte bleibt freilich weiterhin für motorisierte Kunden offen. Hierfür wurde unter dem Königsplatz eine Tiefgarage gebaut. Diese Maßnahme hatte 1991 den Ausfall der Allgäuer Festwoche erfordert. Außerdem richtete die Stadt 1994 ein Parkleitsystem ein. Unabhängig davon gestaltete „Sozialbau Kempten" das Altstadt-Parkhaus an der Kronenstraße bis 1997 um und erhöhte die Zahl der Stellplätze; das Gleiche galt für den 1996 abgeschlossenen Neubau des Parkhauses an der Hirnbeinstraße. Die Stadt baute 1995 die Promenadenstraße und Klostersteige sowie einen Abschnitt der Kronenstraße fußgängerfreundlich aus.

Eine Verkehrsberuhigung der Innenstadt bedeutet erhöhte Lebensqualität. In diesem Zusammenhang ist die Vollendung des bereits erwähnten „Mittleren Rings" im Dezember 1995 hervorzuheben: Zu diesem Zeitpunkt waren die letzten Lücken, nämlich die Knotenpunkte Lindauer Straße und Oberstdorfer Straße, fertig ausgebaut. Der etwa zehn Kilometer lange „Ring" hat die Aufgabe, den Ziel-, Quell- und Binnenverkehr zu sammeln und zu verteilen. Die Idee dieser Entlastungsstraße fürs Stadtzentrum geht auf den städtischen Baurat Maximilian Vicari zurück, der Ende der zwanziger Jahre das – damals utopisch anmutende – Konzept erarbeitet hatte. Das Projekt wurde in genau 33 Jahren in 16 Bauabschnitten verwirklicht.

Dem Wohnungsmangel wurde durch verstärkte Bautätigkeit abgeholfen. Waren Anfang 1993 bei der Stadtverwaltung 1.322 wohnungssuchende Haushalte gemeldet, so ging die Zahl bis 1996 auf 565 zurück. Die Stadtsanierung schritt weiter voran. So ließ

„Sozialbau Kempten" unter der Burghalde die Anlage „Integriertes Wohnen" entstehen. Das Modellvorhaben ist bislang in seiner Art einzig und findet deshalb auch jenseits der Grenzen Deutschlands Beachtung. Im Oktober 1994 wurde diese Anlage mit dem „Deutschen Städtebaupreis" bedacht. Gleichfalls ein wichtiges Stück Stadtsanierung stellen Maßnahmen der „Bau- und Siedlungsgenossenschaft Allgäu" in Sankt Mang dar. Im Gebiet Ludwigstraße wurde hier überalterte Bausubstanz beispielhaft erneuert.

Ebenfalls Mitte der neunziger Jahre wurde der Bau einer neuen Justizvollzugsanstalt am östlichen Stadtrand Kemptens beschlossen. Diese Maßnahme ist inzwischen verwirklicht. Auf dem Grundstück des überalterten bisherigen Gefängnisses an der Weiherstraße entstand im Rahmen der Stiftsstadt-Sanierung eine ansprechende Wohnbebauung.

Im übrigen schritt der Wohnungsbau unter anderem in Rothkreuz, am Rotschlößle, in der Eich, in Lenzfried und an der Keselstraße voran. Im Gebiet Ludwigshöhe Nord wurden insgesamt 900 Wohnungen geplant, die Bauarbeiten liefen 1997 voll an. Viel Beachtung galt dem Projekt „Jakobsgelände" im Westen der Stadt. Städtebaugesellschaft (eine Tochter von „Sozialbau") und Stadt schlossen im März 1994 einen Vertrag ab, wonach auf dieser Fläche im Westen der Stadt rund 550 Wohnungen entstehen sollten. 1994/95 wurde zudem am Freudenberg der „Wohnpark Laetitia" mit Geschäften, Wohnungen und Studienappartements errichtet. Umfangreiche Planungen galten der Aufgabe, die Flächen der beiden stillgelegten Spinnereien und Webereien in Kempten und Kottern neu zu gestalten.

Am 6. Mai 1995 öffnete nach zweijähriger Bauzeit das neue Verwaltungsgebäude der Stadt am Rathausplatz seine Pforten. Die Kosten des Neubaus wurden mit 19,1 Millionen DM beziffert. Die städtischen Ämter sind seither rund ums Rathaus konzentriert. Die Stadtverwaltung Kempten gilt mit ihren fast tausend Beamten, Angestellten und Arbeitern als größter Dienstleistungsbetrieb der gesamten Region.

Eine völlig neue Entwicklung und städtebauliche Chance zeichnete sich unmittelbar neben dem Hofgarten der Residenz ab: Die Bundeswehr hat die Prinz-Franz-Kaserne aufgegeben. Im November 1994 unterzeichnete der Oberbürgermeister einen „Jahrhundertvertrag", wonach die Stadt 38.000 Quadratmeter des Kasernenbereichs für 5,5 Millionen DM erwarb und zugleich, für 7,64 Millionen DM, das Gelände des Verteidigungskreiskommandos an der Immenstädter Straße. Auch der Staat erwarb einen Teil des einstigen Kasernengrundstücks, um hier mehrere Behörden und Ämter zu konzentrieren. Im übrigen hat das Kasernengelände den Kleinkunst-Verein „Klecks" aufgenommen und den Allgäusender RSA Radio. Zudem entstand eine moderne Wohnanlage.

Anstelle des früheren Verteidigungskreiskommandos sind nun an der Immenstädter Straße Rettungs- und Sozialdienste Kemptens überschaubar zusammengeführt. Die Besorgnis, die Bundeswehr würde Kempten verlassen, ist nun traurige Gewissheit. Das Gebirgs-Sanitätsbataillon 42 wird 2016 aufgelöst, die Mehrheit der Soldaten nach Dornstadt bei Ulm versetzt. Die Artillerie-Kaserne soll zum Gewerbegebiet werden und das ehemalige Lazarett macht ebenfalls zu.

Trotz vieler Bemühungen von Soldaten, Ehemaligen und Politikern werden in der Stadt, die sich lange gerne als „Wiege der Gebirgstruppe" bezeichnete, nur noch drei Soldaten zurückbleiben. Sie betreiben das neue Allgäuer Karrierecenter der Bundeswehr in einem Hinterhof der Zwingerstraße.

„Allgäu-Forum" und „bigBOX"

Am 10. März 1996 wurde Dr. Ulrich Netzer, Kandidat der CSU - er trat gegen mehrere Mitbewerber an - mit dem bemerkenswerten Ergebnis von 50,01 Prozent aller gültigen Stimmen zum neuen Oberbürgermeister gewählt. Sechs Jahre später freilich war die Sache durchaus eindeutiger: Dr. Netzer erreichte 73,6 Prozent. Die Entwicklung Kemptens ist seither konsequent weiter vorangeschritten.

Im Vordergrund stand zunächst das Konzept einer Neugestaltung des Bereichs „Alter Bahnhof".

Auf dem frei gewordenen Gelände wuchs nun das „Forum Allgäu" mit nahezu 90 Geschäften empor - wie erklärt wurde, Schwabens größtes Einkaufszentrum überhaupt! Kein Wunder, dass Bayerns Ministerpräsident Dr. Edmund Stoiber 2003 zur Eröffnung eigens nach Kempten kam.

Gleichsam parallel hierzu, in unmittelbarer Nachbarschaft, erfolgte 1997/98 die größte Betriebsverlagerung aus der Innenstadt überhaupt: Der Allgäuer Zeitungsverlag siedelte in den Industriepark nahe Leubas um und errichtete dort das hochmoderne „Allgäuer Medienzentrum".

An der Kotterner Straße aber, wo einst die Zeitung hergestellt wurde, entstand auf Initiative der Firma Feneberg eine sogenannte „Multifunktionshalle", die bis zu 9.000 Besuchern Platz bietet. Sie erhielt den lustigen Namen „bigBOX" (zu Deutsch: „Große Schachtel"). Auch diese Anlage wurde 2003 vollendet und hat sich vollauf bewährt: Bis März 2013 fanden 1.650 Veranstaltungen statt, darunter 685 Konzerte mit 1,5 Millionen Besuchern. Den Auftakt bildete eine Premieren-Gala mit der „Philharmonie der Nationen". Die Anziehungskraft weit übers Allgäu hinaus erweist sich u.a. bei Konzerten, Shows, Sportveranstaltungen, Ausstellungen, Messen, Tagungen und anderem mehr. Ein Beispiel: 2005 fand hier das weltweit größte Bergsteigertreffen, der Summit, statt. Die bisher größte Besucherzahl wurde bei einem Konzert von „Cro" mit 8.519 Besuchern, gefolgt von einer Show der Band „Die Toten Hosen" mit 8.500 verkauften Karten, erreicht. Die bigBOX Allgäu wurde mit dem PRG Live Entertainment Award als „Halle/Arena des Jahres 2012" ausgezeichnet und setzte sich dabei gegen die Gerry Weber Stadion Halle/Westfalen, Event-Center Geiselwind, Georg-Friedrich-Händel-Halle in Halle sowie die Volkswagenhalle Braunschweig durch.

Im Oktober 1997 wurde in Leubas das neue Gründerzentrum „Cometa Allgäu" eröffnet, das potentiellen Unternehmensgründern Rat und Hilfe anbietet und zum „Cometa Allgäu Technopark" erweitert wurde. In mittlerweile sieben Abschnitten wurde der Technologie- und Dienstleistungspark Allgäu auf knapp 7.500 Quadratmeter erweitert und Bauabschnitt acht existiert schon auf dem Plan. Gleichfalls im Gewerbegebiet entstand ein modernes „Zentrum für Verkehrssicherheit" mit Trainingsgelände und praxisnahen Übungsmöglichkeiten.

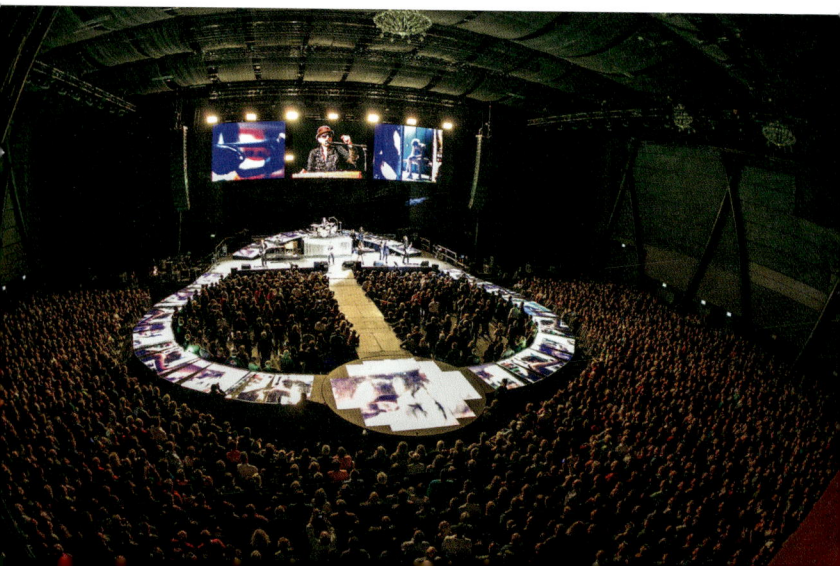

Wirtschaftsflaute und neuer Aufschwung

Trotz konjunktureller Probleme um die Jahrtausendwende konnte die Stadt ihren Rang und Ruf als zentraler Standort für Wirtschaftsbetriebe, Schulen und Behörden weiter stärken. Zwar schrumpfte die Zahl der Arbeitnehmer, und die Arbeitslosigkeit wuchs (1997: im Arbeitsamtsbezirk Kempten 9,6 Prozent Beschäftigungslose!). Die Zahl der Gewerbeanmeldungen ging zurück, die der Abmeldungen stieg. Die Sozialhilfe erforderte immer größeren Einsatz städtischer Finanzmittel: 1996 musste die Stadt bereits in 3.919 Fällen Hilfe zum Lebensunterhalt leisten, drei Jahre zuvor waren es erst 2.277 gewesen. Und der Schuldenstand der Stadt kletterte von 1993 bis 1998 um 24 Millionen auf 157 Millionen D-Mark.

Die Krise wirkte sich auch auf den Wohnungssektor aus: 1998 standen mindestens 400 Eigentumswohnungen leer, die örtliche Bautätigkeit schrumpfte beträchtlich.

Doch hielt Kempten auch in kritischer Zeit sein Niveau im kulturellen, wirtschaftlichen und sozialen Leben. So ist vor allem der alljährliche „Jazz-Frühling" hervorzuheben, den der Kleinkunstverein „Klecks" seit 1985 mit einer Vielzahl stark besuchter Darbietungen veranstaltet. 2007 zum Beispiel waren auf 37 Bühnen rund 100 Einzelkonzerte mit über 350 Musikern, darunter weltberühmte Stars, aus 17 Nationen zu hören...

Nach zwei Jahren Planung und Umbau wurde 1996 an der Füssener Straße im historischen einstigen

In der bigBOX Allgäu gastierte Peter Maffey 2015 mit einer 360-Grad-Bühne und begeisterte 5.000 Fans.

„Fehrschen Landhaus" (später Chapuis-Villa) das Modellprojekt „Villa Viva" eingeweiht, eine bedeutende Sozialeinrichtung der Region. Der Verein für Körper- und Mehrfachbehinderte hat diese in Bayern einmalige Stätte zusammen mit dem Kuratorium „Villa Viva" geschaffen und damit für 3,75 Millionen DM zugleich ein Stück Sanierung verwirklicht.

Eine besonders interessante Einrichtung gewann an Gewicht: Das „Kempodium", eine Art Bürgerzentrum, das Mitbürger(innen) zu eigenen Aktivitäten anregen will. Das Kempodium ist ein Paradies für Mächlerinnen und Mächler. Ob jung oder alt, Frau oder Mann, im Allgäuer Zentrum für Eigenversorgung kann man sägen, hobeln, schweißen, töpfern, reparieren, kochen und essen, schneidern, Bilder ausstellen, Musik machen, Räume mieten, Kindergeburtstage feiern oder Theater spielen. Im Kaufhaus Allerhand gibt es Gebrauchtmöbel, Haushaltsgeräte, Deko-Artikel, Lampen, Teppiche oder Bücher aus zweiter Hand.

Am Königsplatz wurde 1998 anstelle eines älteren Schulpavillons eine stattliche neue Markthalle gebaut. Vier Jahre später erfolgte eine wirkungsvolle Neugestaltung des Residenz- und des Kornhausplatzes.

Mit dem erneuten Wirtschaftswachstum im 21. Jahrhundert ist auch der Optimismus gewachsen. 2004 entstand der Neubau der milchwirtschaftlichen Untersuchungs- und Versuchsanstalt, in dessen früheren Räumen in der Hirnbeinstraße nun die Kriminalpolizei untergebracht ist. Betriebe der Sparten Bauwesen, Fahrzeug- und Maschinenbau, Elektrotechnik, Verpackung, Chemie und Ernährung gehören mit zu den wichtigsten Arbeitgebern.

Kempten zählte 2014 zum Jahresende 66.629 Einwohner, davon 1.134 mit Zweitwohnsitz; der Ausländeranteil (8.000) wächst mit der Gesamtentwicklung.

Dabei leben in Kempten 2.389 Türken und 1.347 Italiener, und zum Beispiel auch 356 Österreicher und 35 Schweizer...

Nach jüngsten Ermittlungen sinkt die Arbeitslosigkeit erheblich. In der Stadt gibt es rund 46.000 Erwerbstätige; über 20.000 von ihnen sind „Einpendler"; umgekehrt gehen 9.130 Kemptener einer Arbeit außerhalb der Stadt nach. Neue Gewerbegebiete wurden und werden erschlossen, ein neuer Flächennutzungsplan wurde erstellt und ein eigenes City-Management geschaffen. Der Wohnungsbau rückte verstärkt in den Vordergrund - nicht nur auf der Ludwigshöhe und an der Iller, sondern u.a. auch in der einstigen Stiftsstadt („Kösel-Wohnpark" und „Wohnen am Hofgarten").

Die zentrale Bedeutung der Stadt tritt immer deutlicher hervor. In diesem Zusammenhang steht ein stärker gewordenes „Allgäu-Bewusstsein": Seit Oktober 1995 besteht die „Allgäu-Initiative" (heute Allgäu GmbH), ein regionaler Zusammenschluss von Kommunalpolitik und heimischer Wirtschaft. Und die „Allgäu Marketing GmbH" bündelt gleichsam den Tourismus. In diesem Zusammenhang erwähnenswert: In die Festwoche ist nunmehr eigens auch das württembergische Allgäu einbezogen.

Zu den Höhepunkten im Kemptener Festkalender gehört der Jazzfrühling.

Hier lässt sich's leben

Kempten ist Verkehrsknotenpunkt, zweitgrößte Stadt Schwabens, Dienstleistungszentrum der Region Allgäu und zugleich Einkaufsmagnet für eine halbe Million Menschen, die bis aus dem benachbarten Baden-Württemberg, aus Tirol und Vorarlberg kommen. Der Stadt ist deshalb der Rang eines „Oberzentrums" zuerkannt worden. Vor allem aber liegt sie mitten in einem der landschaftlich schönsten deutschen Feriengebiete. Ja, schon innerhalb seiner Grenzen bietet Kempten mit Hügeln und Tobeln, Wäldern und Weihern, gepflegten Parkanlagen, Spazier- und Radwegen eine überraschende Vielfalt. Die Gesamtfläche der Stadt beträgt 63 Quadratkilometer, von denen etwa 56 Prozent landwirtschaftlich genutzt werden: Nach Angaben der Stadtverwaltung bestehen nur noch 104 landwirtschaftliche Betriebe, in denen u.a. rund 6.700 Stück Rindvieh, fast 150 Schafe und etwa 130 Pferde gehalten werden.

Mit ihren attraktiven kulturellen Einrichtungen, Märkten und Festen besitzt die Stadt als Zentrum eines bedeutenden Tourismus-Gebietes einen besonders hohen Freizeitwert. Sie ist denn auch Ziel ungezählter Ausflügler: Jährlich kommen nicht weniger als 2,3 Millionen Tagesbesucher (2014) hierher! Die Zahl der Gästeübernachtungen steigt laufend an. Binnen fünf Jahren meldeten die Hotels einen Sprung von 130.000 auf 193.000 Übernachtungen, darunter 37.400 aus dem Ausland. Gleichzeitig stieg die Zahl der Betten von 890 auf 1.320 an. Kein Wunder, dass der wichtigste Stadtprospekt in sieben Sprachen erschienen ist.

Was Sozial- und Bildungseinrichtungen betrifft, kann sich Kempten durchaus sehen lassen. Hier gibt's

32 Kindertagesstätten, 81 Kinderspielplätze und 30 Bolzplätze. Es gibt ein Jugendhaus im Stadtzentrum sowie Jugendtreffs auf dem Bühl, in Sankt Mang und in Thingers; im letzteren Stadtteil bewährte sich insbesondere auch das Programm „Soziale Stadt" mit Schaffung eines zentralen Platzes.

Alles in allem bestehen in Kempten, einschließlich Akademien, über 50 Schulen der verschiedensten Art, die derzeit von knapp unter 18.000 - darunter etwa die Hälfte auswärtige - Schülerinnen und Schülern besucht werden. Mehrere Bildungsstätten wurden überdies erheblich vergrößert (insbesondere die drei Gymnasien) bzw. neu gebaut (so die Fachoberschule und die Gustav-Stresemann-Schule). Die Maria-Ward-Schule siedelte aus der Fürstenstraße in das größere ehemalige bischöfliche Studienseminar um.

Die Hochschule, die 1978 mit 81 Studierenden ihre Pforten geöffnet hatte, zählt heute rund 6.000 Studentinnen und Studenten, darunter mehr als die Hälfte aus dem Allgäu; der Campus ist deutlich gewachsen und die Hochschule zeigt mit vielen Partnerhochschulen auch internationales Profil.

Die kulturellen Einrichtungen sind außerordentlich vielfältig. Hier ist das Stadttheater (Pardon: Es heißt neuerdings „Theater in Kempten") hervorzuheben, das bis 2007 für mehr als 8 Millionen Euro generalsaniert wurde. Eine beispielhafte Bürgerinitiative, der Förderverein „Zugabe", hat hierzu mit einer Million Euro beigetragen. Und im Juli 2007 wurde eine neue „Theater- und Musikgesellschaft Kempten" gegründet.

Die Freilichtbühne Burghalde, das 1999 restaurierte Kornhaus, der Fürstensaal der Residenz, der Hofgartensaal, die Allgäuhalle, der Archäologische Park Cambodunum (APC) und eine Kunsthalle neben der Musikschule ermöglichen die vielfältigsten Veranstaltungen; einmal ganz abgesehen von der „bigBOX". Und die Stadtbibliothek in der Orangerie meldet 2014 einen Rekord: 618.139 Ausleihen und damit 28.000 mehr als 2013. Zu den bisherigen Museen (Allgäu-Museum, Alpinmuseum, Alpenländische Galerie, Römisches Museum mit Naturkunde-Museum) gibt es das ehrenamtlich geführte Allgäuer Burgenmuseum auf der Burghalde. Ebenso sei in diesem Zusammenhang das wertvolle, viel gefragte und umfangreiche Stadtarchiv hervorgehoben - nicht zuletzt dank der Sammlungen Merkt und Weitnauer ein Archiv mit allgäuweitem Anspruch.

Und was wäre Kemptens Kulturleben ohne die mannigfachen kirchenmusikalischen Veranstaltungen in den Gotteshäusern der Stadt! Umfangreiche Restaurierungen und Umbauten erfolgten auch in mehreren Kirchen des Stadtgebietes. So jüngst die Innenrenovierung der St. Mang-Kirche. Erfolgreich

Theater in Kempten.

wirkten hier die Archäologen: Reste des romanischen Vorgängerbaues wurden freigelegt, über 800 Jahre alte Mauerreste entdeckt und Gräber bis aus dem 10. Jahrhundert. Schließlich eine kleine Sensation: Im Juli 2007, gleichfalls unter der Kirche, fanden sich neben römischen Münzen Siedlungsreste aus dem 3./4. Jahrhundert!

Zudem ist Kempten eine Heimstätte des Sports. An die 50 Sportvereine bestehen hier. Laufend werden vorhandene Anlagen renoviert oder ausgebaut. Im Stadtgebiet gibt es rund 35 Turn- und Sporthallen, fast 40 Freisportanlagen, 73 Tennis- und 15 Squashplätze, 27 Schiess-, mehrere Reit- und Minigolfanlagen, dazu Dutzende von Kegelbahnen.

Hinzu kommen u.a. das Stadtbad, das hochmoderne Erlebnis- und Freizeitbad „CamboMare", das Eisstadion im Norden der Stadt und ein neuer Golfplatz bei Lenzfried.

Modern vor allem auch die medizinische Versorgung. Das Klinikum Kempten-Oberallgäu (früher „Stadtkrankenhaus") wurde Zug um Zug vergrößert, und im Oktober 2012 konnte ein bereits 1912 formulierter Wunsch nach der Zusammenlegung beider Krankenhäuser realisiert werden. Im August 1997 nahm Ministerpräsident Edmund Stoiber an der Eröffnung einer Tagesklinik für Kinder- und Jugendpsychiatrie teil; Träger ist hier die Katholische Jugendfürsorge der Diözese Augsburg. Schließlich ist das Fachkrankenhaus für Psychiatrie (Bezirkskrankenhaus) hervorzuheben, das jetzt ebenfalls auf dem Klinikgelände angesiedelt ist. Übrigens zählt Kempten derzeit insgesamt rund 190 Ärztinnen und Ärzte.

Und auch für die älteren Mitbürger wird Sorge getragen. Sieben Alters- und Pflegeheime bestehen in Kempten. Und das „Haus der Senioren" bietet eine Vielfalt von Veranstaltungen.

Umwelt groß geschrieben

Das Bemühen um eine heile Umwelt ist in jüngster Zeit immer stärker geworden. Hatten die Bürger 1988 erst 4,25 Millionen DM an Abfallbeseitigungsgebühren aufgebracht, so kassierte der zuständige Zweckverband fünf Jahre später schon 15 Millionen, und für die Abwasserbeseitigung kletterte das Gebührenaufkommen im selben Zeitraum von 10,9 auf nahezu 14,4 Millionen DM. Um den unverwertbaren Abfall zu verringern, sind der Zweckverband, die Stadt und die Bevölkerung um sorgfältige Mülltrennung bemüht. Neue Wertstoffhöfe entstanden, und seit 1992 ist in Kempten-Schlatt eine Biomüll-Kompostierungsanlage in Betrieb. Das sogenannte „Restmüll-Aufkommen" sank dadurch binnen drei Jahren fast um die Hälfte.

Im April 1994 wurde in der Müllverbrennungsanlage der Grundstein für einen neuen Ofen gelegt, und am 4. Oktober 1996 nahm Ministerpräsident Dr. Edmund Stoiber symbolisch das binnen zweieinhalb Jahren neu gestaltete Kemptener Müllheizkraftwerk in Betrieb. Es handelt sich bei diesem 170-Millionen-Projekt um das modernste Kraftwerk dieser Art im Bundesgebiet. Der neue Ofen hat eine Jahreskapazität von 60.000 Tonnen und nimmt die Abfälle aus Kempten sowie den Landkreisen Oberallgäu und Lindau auf.

Zugleich investierte der Abwasser-Zweckverband über 20 Millionen DM, um das Gruppenklärwerk an der Iller hinter Hirschdorf zu erweitern und die Leistung von 250.000 auf 300.000 Einwohnerwerte zu erhöhen. Schließlich nahm im April 1997 das Kfz-Demontagewerk der Allgäu Recycling GmbH im Gewerbegebiet nahe der Müllverbrennungsanlage seinen Betrieb auf, und am 30. April 1998 folgte das bislang größte Holzheizkraftwerk Bayerns, ein Pilotprojekt des Zweckverbandes für Abfallwirtschaft in Kempten.

Verstärkt hat sich auch das Bemühen um die Reinhaltung der Luft. Eine Messstation an der Westendstraße berücksichtigt neben anderen Schadstoffen seit einigen Jahren auch den Gehalt an Stickoxiden.

Die Wahrung von Landschaft und Biotopen wird in Kempten groß geschrieben. So lässt die Stadt Zug um Zug wertvolle Flächen unter Landschaftsschutz stellen; als Beispiele seien die Gebiete Schwabelsberger Weiher, Iller, Rottachtobel und Bachtelweiher genannt. Und im Gewerbegebiet Ursulasried wurde der Felbener Bach „renaturiert", d.h. naturnah ausgebaut. Der Industriepark erhielt damit eine wichtige Biotop-Brücke.

Im Jahr 1998 wurde das moderne Energie- und Umweltzentrum Allgäu („eza!") aus der Taufe gehoben, das vor allem durch seine beratende Tätigkeit immer stärker in den Vordergrund tritt. Ein Jahr später folgte der Biomassehof Allgäu.

Nach einem Jahrhunderthochwasser an Pfingsten 1999 entstand am Westufer der Iller nördlich der St. Mang-Brücke eine 680 Meter lange Hochwasserverbauung. Diese bewährte sich bereits im August 2005, als ein noch stärkeres Hochwasser auftrat.

Und die Allgäuer Festwoche 2007 erhielt mit dem Themenkreis „Energie-Impulse" einen besonderen Akzent. 2012 wurde die Stadt für das deutschlandweite Pilotprojekt „masterplan 100% Klimaschutz bis 2050" ausgewählt. Die ambitionierten Ziele: Halbierung des heutigen Energieverbrauchs und bis zu 95-prozentige Minderung klimaschädlicher CO^2-Emissionen.

Kemptener „Knochentheorie"

Kempten ist von den Zerstörungen des Zweiten Weltkriegs weitgehend verschont geblieben. Und doch ist vom beschaulichen Kempten zu Beginn des 20. Jahrhunderts nur wenig übrig geblieben. Vor allem in den 1950er und 1960er Jahren hat sich die Stadt buchstäblich in die Landschaft hineingefressen. Und spätestens mit der Gebietsreform 1972 erhielt die Stadt eine völlig neue Struktur.

Durch die Sanierungsanstrengungen seit Anfang der 1960er Jahre blieb vor allem in der ehemaligen Reichsstadt nur wenig Bausubstanz erhalten. Hier wurde „abbruchsaniert", urteilen so manche Kemptener in der Rückschau. Auf dem deutlich vergrößerten Fundament mit den beiden Gemeinden Sankt Mang und Sankt Lorenz gründete Oberbürgermeister Dr. Josef Höß das moderne Kempten.

Aus dieser Zeit heraus lassen sich Entwicklungslinien erkennen, die gerade in den zurückliegenden 25 Jahren verfeinert wurden. Da ist die Entwicklung der Innenstadt, die mit der Eröffnung der Fußgängerzone 1970 begann und die sich heute als Netz von sanierten Straßen und Plätzen darstellt. Während sich die Stadt um den öffentlichen Raum kümmert, sind es Bürger, die sich mit der Sanierung ihrer Häuser um das Stadtbild verdient machen.

Als Ausgangspunkt gilt die von Oberbürgermeister Dr. Ulrich Netzer entwickelte „Knochentheorie", bei der es um das Leben zwischen den beiden Knochenenden Kornhausplatz/Pfeilergraben im Norden und August-Fischer-Platz im Süden geht. Es war keine

Chapuis-Villa an der Iller.

Frage, dass die Bürger zustimmend nickten, als es um Rathaus-, Residenz- und Kornhausplatz ging. Als aber der August-Fischer-Platz und das Forum Allgäu auf den Tisch kamen, kochten die Emotionen hoch. Vor allem der Handel fürchtete um seine Existenz. Mehr als zehn Jahre später erweist sich das Forum mit seinen 90 Geschäften als wichtiger Frequenzbringer für die gesamte Handelsmeile.

Der St. Mang-Platz mit dem unterirdischen Schauraum in der Erasmuskapelle, die Klostersteige und die Gerberstraße wurden umgebaut.

Als letzter der zentralen Plätze in der Innenstadt erlebte der Hildegardplatz ein komplettes Lifting. Vorausgegangen war dort eine hitzige Debatte um eine Tiefgarage unter dem historischen Platz. Doch die Bürger stimmten mehrheitlich dagegen und machten bei verschiedenen Ortsterminen und Workshops deutlich, dass sie einen offenen Platz mit Brunnen und Sitzgelegenheiten, aber dennoch mit Parkplätzen sehen wollen.

Bei der Eröffnung im April 2014 stellte Netzer dann fest: „Ein Platz für die Menschen ist entstanden." Das zeigte sich auch schnell: Am abendlich beleuchteten Marktbrunnen sitzen verliebte Pärchen und genießen das Eis aus der italienischen Eisdiele, auf den Stufen am Basilikahügel sitzen spätestens ab Mittag zahllose Menschen und genießen zu fast allen Jahreszeiten die Sonne über der Stiftsstadt.

Der Hildegardplatz ist seit Generationen die Heimat für den Wochenmarkt. Ob frisches Obst und Gemüse, Salatpflänzchen und Blumen oder einfach nur zum Essen von Wienerle, Weißen oder Kässpatzen: Der Wochenmarkt ist einer der Treffpunkte für Jung und Alt und damit ein Stück Kemptener Seele. Und im Winter ziehen die Händler in die Markthalle am Königsplatz um.

Wasservorhang am Kornhausplatz.

Wochenmarkt auf dem Hildegardplatz.

Strategische Ziele

Wie wird sich unsere Stadt in den kommenden Jahren entwickeln? Wie soll Kempten im Jahr 2020 dastehen? Mit dieser Frage konfrontierte Dr. Ulrich Netzer seinen Stadtrat 2008. Gleichzeitig formulierte er fünf zentrale Leitlinien der Stadtpolitik: Wirtschaft stärken - Jugend ausbilden - Demographie gestalten - Klima schützen - Schulden abtragen. Nach zwölf Monaten Beratung waren die Ziele formuliert und beschlossen.

Sechs Jahre später trägt das Konzept sichtbare Früchte: In Sachen Kinderbetreuung und Schulen investierte Kempten mehrere Millionen Euro. Dabei orientierte sich der Stadtrat am Bedarf vor Ort und ging über die gesetzlichen Mindestvorgaben hinaus. Und so reihen sich heute Neubauten, Anbauten und sanierte Schulhäuser und Kindertagesstätten durch alle Stadtteile. Allein Anfang 2014 wurden in drei Einrichtungen über 40 weitere Krippenplätze für Kinder unter drei Jahren eingeweiht: Im Anbau an die Kindertagesstätte „Mikado" auf dem Bühl, in der vergrößerten Kindertagesstätte St. Hedwig in Thingers und im „Regenbogenhaus" in Kottern.

Rechtzeitig zum 100. Geburtstag bekam die Staatliche Realschule Kempten eine Rundum-Sanierung und einen Mensa-Anbau. Die einstige Oberrealschule (aus der das Allgäu-Gymnasium hervorging) wurde vom Architekten Leonhard Heydecker im Stil des Neubarock mit Jugendstilelementen entworfen.

Die Anfangszeit des Jugendhauses war 1974 noch von Demonstrationen im Rathaus und einer heftigen Stadtratsdebatte begleitet. Die Wogen von damals sind längst geglättet und seit 40 Jahren ist das Jugendhaus in der Landwehrstraße mit Konzerten, Filmabenden und Workshops ein Zentrum für Jugendkultur.

1837 ermöglichten Kemptener Bürger die Errichtung einer Schule und eines Waisen-Instituts, um „die Not und Armut verlassener Kinder zu lindern". 1839 wurde das Waisenhaus mit elf Kindern eröffnet. 1974 wurde an der Memminger Straße ein neues Haus errichtet und nach der Ordensgründerin Theresia Gerhardinger benannt. Der Orden der Armen Schulschwestern war nämlich von 1858 bis 1994 mit der Führung der Einrichtung beauftragt. In all den Jahren hat sich das Gerhardinger-Haus mit den gesellschaftlichen und sozialpolitischen Veränderungen adäquat weiterentwickelt. Heute reicht das Spektrum von heilpädagogischen Wohngruppen und ambulanten Angeboten bis zu betreutem Wohnen, Hort und heilpädagogischer Tagesstätte.

Ein gewichtiges Thema, das auch die Stadt Kempten in der Zukunft weiter beschäftigen wird, ist die Unterbringung von Flüchtlingen. Die Zahl der Asylbewerber steigt kontinuierlich und erfordert die Schaffung weiterer Unterbringungskapazitäten auch in der Stadt Kempten. Erwachsene Asylbewerber und Familien finden Unterkunft u.a. in der sanierten ehemaligen Schelldorfer Schule.

Viel wurde in der Stadt Kempten investiert, trotzdem wurde immer der Haushalt im Blick behalten. In der Ära Netzer sank der Schuldenstand von 74,4 auf 11,4 Millionen Euro!

Geradezu rekordverdächtig gewachsen ist die Hochschule Kempten. Zu Beginn des Wintersemesters 2014/15 begrüßte Präsident Prof. Dr. Robert F. Schmidt über 5.800 Studierende. Da wird es nicht nur mit den Parkplätzen eng. Ein Grundstückstausch der Stadt Kempten mit VW-Seitz an der Immenstädter Straße eröffnete der Schule neue Möglichkeiten für zunächst mehr Parkplätze.

Iller erleben

Die Iller ist die Lebensader der Kemptener. Einst trafen sich die Flößer im „Anker" und tranken den einen oder anderen Becher Bier, ehe sie Richtung Ulm aufbrachen. Die Wasserkraft trieb erst die Hammerwerke zwischen Kottern und Kempten an und lieferte ab 1850 die Energie für die Textilindustrie. Die Iller zeigte aber auch immer wieder, dass sie sich zu einem reißenden Gebirgsfluss verwandeln kann, der Teile der Altstadt überschwemmt.

Und doch lieben die Kemptener ihren Fluss. Zu allen Jahreszeiten tummeln sich die Illersurfer unweit des Illerstadions auf dem Wasser und Familien nutzen die Illerauen gerne an den Wochenenden als Grillplatz.

Die Altstadtfreunde gehören seit über 30 Jahren zu den Mitgestaltern der ehemaligen Reichsstadt Kempten. Mit der „Altstadt-Traudl" Gertraud Schwarz und Hansjürg Hensler standen zwei starke Persönlichkeiten an der Spitze einer viel beachteten Bewegung, die nun von Dietmar Markmiller angeführt wird. Er entwickelte mit der Stadt Kempten das Konzept „Iller erleben" mit Nachdruck. Die Erfolge der Stadtpolitik sind sichtbar: in einem durchgehenden Illerradweg, einer sanierten Spinnerei und Weberei Kempten an der Rosenau, zwei neuen und zwei sanierten Wasserkraftwerken und einem Altstadtpark mit Stufen zur Iller auf dem ehemaligen Gaswerksgeländes.

1735 züchtete der Kemptener Apotheker Johann Adam Brigelius in seinem beschaulichen Garten an der Iller Rosen für seine Medikamente und Essenzen und gab dem Flecken seinen Namen, nämlich Rosenau. Nach der Schließung der Spinnerei 1991 war das Gelände fast 20 Jahre lang in einen Dornröschenschlaf versunken, dann wurde das imposante

Gebäude entkernt und es entstanden 121 Wohnungen. Im Sommer 2014 zog neues Leben in das Industriedenkmal ein und entlang der Iller entstehen noch weitere Wohnhäuser. Auf der westlichen Illerseite investierte die Sozialbau Kempten bislang fünf Millionen Euro in die ehemalige Weberei. Im Herbst 2014 startete dort das Berufliche Fortbildungszentrum der Bayerischen Wirtschaft (bfz) mit seinen Kursen.

Dort, wo einst in der Schachenmayer'schen Papierfabrik ein sogenannter Kollergang Papierholzfasern kleinmahlte, dreht sich seit Mitte 2015 das Dotationskraftwerk (Restwasserkraftwerk) des Allgäuer Überlandwerks und liefert jährlich rund 1,2 Mio. Kilowattstunden Ökostrom, was einem Verbrauch von etwa 350 Haushalten entspricht.

Aus der ehemalige Spinnerei- und Weberei an der Rosenau wurden hochwertigen Wohneinheiten.

Kemptens neunte Illerbrücke

Aus dem Jahr 1340 ist überliefert, dass die Bürgerschaft der Reichsstadt über die Brücke am Illertor, der heutigen St. Mang-Brücke, verfügen könne und damit berechtigt war, den Brückenzoll einzutreiben. Die Brücke selbst war Eigentum des Fürststifts Kempten, doch die Reichsstadt hatte die Verpflichtung, die Brücke zu unterhalten und nach einer Zerstörung wiederaufzubauen. Inzwischen gibt es acht Übergänge über die Iller und Ende 2015 folgt die neunte Brücke.

Der Bau der Nordspange zwischen Stiftsbleiche und Ursulasried ist eines der wichtigsten Infrastrukturprojekte der vergangenen 20 Jahre in Kempten. Die neue Straßenverbindung stärkt den weiteren Ausbau des Wirtschaftsstandortes Kempten. Gleichzeitig soll die Nordspange das innerörtliche Straßennetz entlasten. Sie bringt ab Ende 2015 sicherlich auch einen Vorteil für Berufspendler und einen neuen Weg für Lastzüge zur Autobahn.

Die Verkehrsanbindung an die A7 hatten auch die Verantwortlichen der Sparkasse Allgäu im Blick bei der Ansiedlung ihres neuen Geldbearbeitungszentrums in Ursulasried. Im „Tresor des Allgäus" wickelt die Sparkasse Allgäu als Dienstleister auch die Geldgeschäfte weiterer Banken und großer Firmen der Region ab.

Der „Allgäu-Tresor" ist gleichzeitig der erste Schritt für den Neubau der Sparkasse an der Königstraße und die geplante Neugestaltung des Stadtparks. Die 1825 gegründete Sparkasse war 1954 von der Gerberstraße in den Neubau auf der Zumsteinwiese umgezogen. Dort hatte ein Brunnen von Karl Hoefelmayr die Kunden in der Kassenhalle begrüßt. Dieses Gebäude wurde 1974 ersetzt und am Aschermittwoch 2015 rollten erneut die Abbruchbagger an. Im Sommer 2017 soll die neue Zentrale eröffnet werden. Bislang ist der Hauptstellenbetrieb nämlich auf fünf Standorte verteilt. Die Sparkasse Allgäu unterhält 65 Filialen und beschäftigt über 1.100 Mitarbeiter. Sie wies im Geschäftsjahr 2014 eine Bilanzsumme von 4,2 Mrd. Euro aus.

Bei der Einweihung der neuen Sparkasse dürfte vermutlich auch Kemptens Ex-Oberbürgermeister Dr. Ulrich Netzer dabei sein. Er wurde 2013 zum Bayerischen Sparkassenpräsidenten gewählt. Seine Amtskette und die Rathausschlüssel reichte er 2014 an Thomas Kiechle weiter, Sohn des langjährigen Bundeslandwirtschaftsministers Ignaz Kiechle.

In seiner Antrittsrede stellte der neue Oberbürgermeister vor allem den Menschen als das Maß aller Dinge in den Mittelpunkt. Bei aller Vielfalt der Aufgaben baue er auf ein konstruktives sowie vertrauensvolles Zusammenarbeiten und wünsche sich und dem Stadtrat, nach bestem Wissen und Gewissen, mit Mut und Ehrlichkeit Politik für Kempten zu gestalten.

Das hochmoderne Illerkraftwerk.

Wohnen in der Innenstadt

In der königlichen Kiesgrube Kempten wurde einst das Bahnhofshotel erbaut. Mehr als 100 Jahre lang zählte das Haus an der Ecke König- und Mozartstraße zu den ersten Adressen der Stadt. Doch mit dem Abbruch des Alten Bahnhofs 1971 ging auch die Glanzzeit dieses Hauses langsam zur Neige. Hotelier Walter Mauderer übernahm den maroden Bau, investierte Zeit und Geld und stellte Ende 2014 sein Haus Kronprinz vor, in Erinnerung an die ehemalige Kronprinzenallee, die heutige Mozartstraße. Um das Haus, das dem Stallmeister König Ludwigs II. gehörte, ranken sich so manche Legenden. Beispielsweise von der Hitler-Suite, in der sich der spätere Reichskanzler bei seinen Auftritten in Kempten einquartiert und vom Balkon Reden geschwungen haben soll. Aber das klingt eher unwahrscheinlich, war der Ansichtskartenmaler aus Braunau doch nur drei Mal in Kempten. Bei seiner Rede im Juni 1932 vor der Tierzuchthalle strömten jedenfalls 15.000

Gewölbekeller unter dem Haus Kronprinz.

bis 18.000 Allgäuer zusammen und lauschten dem NS-Führer 30 Minuten lang, ehe der sich ins Auto setzte und zum nächsten Auftritt davon brauste.

Realität ist der Keller unterm Haus Kronprinz. Rund 15 Meter gehen die Mauern in die Tiefe. Unter dem eigentlichen Keller spannen sich noch einmal zwei Gewölbe. Im unteren sprudelt das Quellwasser aus dem Fels und wird über ein Leitungsnetz im Boden in einen Sickerschacht geleitet. Ein Umstand, der auch schon die amerikanischen Besatzer nach dem Zweiten Weltkrieg faszinierte. Sie tranken nicht nur das Wasser, sie nutzten den Keller auch als Lager für ihre Konserven. Einige überdauerten die Zeit bis zur Sanierung im 21. Jahrhundert. Von den alten Bierlagerkellern gab es eine direkte Verbindung zu anderen Bierkellern an der Königstraße.

Dort ist die Heimat des Allgäuer Brauhauses, das sich gerne auf seine Brautradition beruft, die bis 1394 zurück reicht. Im Stiftischen Saalbuch war vor über 600 Jahren eine Malzmühle erwähnt worden, die nach Meinung von Bezirksheimatpfleger Dr. Dr. Alfred Weitnauer nur dazu dienen konnte, die Brauerei des Klosters zu versorgen. In der 1911 von den Familien Weixler und Schnitzer gegründeten Aktiengesellschaft gingen inzwischen alle Kemptener Brauereien auf. Das waren 21 in der Alt- und drei in der Neustadt. Das Herz der Brauerei schlug im Sudhaus an der Kellerstraße und nach dem Umzug der Produktionsstätten nach Leuterschach im Jahr 2004 wurde fast zehn Jahre über die Zukunft des Geländes an der Königstraße diskutiert.

Die beiden Unternehmer Josef Geiger aus Oberstdorf und Hannes Geierhos aus Höchstädt begannen 2013 mit dem Bau ihrer „Brauhöfe". Das ehemalige Brauereiareal wurde in sechs verschiedene Baufelder aufgeteilt. Mit dem klangvollen Namen „Wohnen am

Hopfengarten, am Malzhof und im Sudhaus" wurde ein stark verdichtetes und preislich exklusives Wohn- und Seniorenresidenz-Konzept umgesetzt. Heftig diskutiert wurde in Kempten über den Abbruch des Sudhauses 2013. Es soll nun wieder aufgebaut werden, allerdings mit einer modernen Südfassade.

Da nimmt sich die Sanierung des Michlhofes am Stadtweiher ganz anders aus. Die Familie Heel vom Hotel Waldhorn hatte das Bauernhaus übernommen und mit viel Liebe zum Detail und zur Originalität restauriert. Der Stall wurde zu einer gemütlichen Allgäuer Stube umgestaltet und die Obere Tenne dient für Veranstaltungen aller Art; so etwas fehlte bisher in der Stadt.

Ebenfalls auf Erfolgskurs steuert seit 2009 die JUFA Kempten mit 186 Betten gleich neben dem Freizeitbad Cambomare. Das Konzept für Jugendgruppen und Familien scheint aufzugehen. Zusammen mit dem neuen bigBOX-Hotel gibt es in Kempten 17 Übernachtungsbetriebe mit 1.320 Betten. Das steigert die Attraktivität der Stadt und so verlief die touristische Entwicklung im Jahr 2013 wieder äußerst positiv.

Nicht übersehen darf man die Entwicklung auf dem ehemaligen Schwanengelände in der Altstadt, der Burgstraße und das renovierte Altstadt-Center an der Kronenstraße. Aus dem ehemaligen Haus International (heute in der Poststraße) wurde 2013 das Künstlerhaus und mit der Umgestaltung der nördlichen Bahnhofstraße sowie von Illerkauf und Zentralhaus gewann die Fußgängerzone weiter an Gewicht.

Am 21. Oktober 2007 gab es in Kempten einen Bürgerentscheid zu der Frage, ob einem Bauantrag des Möbelhauses Lutz Neubert zum Bau eines XXXLutz-Wohnkaufhauses am Haslacher Berg in Kempten stattgegeben werden soll. Nachdem sogar die Hochschule erklärt hatte, dass sie den Platz nicht benötige, entschieden sich die Bürger dafür. Doch dann wuchs erst einmal Gras über die Sache und jahrelang weideten Kühe neben einer Tankstellenruine. Im Februar 2014 startete der Möbelkonzern mit Sitz in Wels (Österreich) sein Projekt. Allein der Aushub betrug 10.000 Lastwagen-Fuhren Fels und Gestein. XXX-Lutz hatte sich verpflichtet, die Verkehrsführung an der Bahnhofstraße auf eigene Kosten anzupassen und eine zusätzliche Abbiegespur samt Ampel einzurichten. Das 40-Millionen-Euro-Projekt soll ab Sommer 2015 rund 200 Arbeitsplätze in Kempten schaffen. Viel mehr Betrieb ist auch in der Nachbarschaft, wo die Hochschule einen regelrechten Ansturm an Studenten erlebt und plötzlich Raumbedarf anmeldet. Die geplante Erweiterung in Richtung Seitz-Gelände liegt nämlich bis auf Weiteres auf Eis...

Das historische Sudhaus des Allgäuer Brauhauses.

„Bürgerfleiß und Fürstenglanz"

Das Jahr 1998 stand in Kempten im Zeichen eines besonders reichhaltigen „Kultursommers". In der Residenz und im Hofgartensaal fand die Landesausstellung „Bürgerfleiß und Fürstenglanz - Reichsstadt und Fürstabtei" statt, die, vor Ort betreut von dem Kemptener Historiker Wolfgang Petz, die spannungsreiche Geschichte der beiden Kempten nachzeichnete und nicht weniger als 58.000 Besucher zählte. Ein umfangreiches Rahmenprogramm trat ergänzend hinzu. Der Bezirk hielt, gleichfalls 1998, seine „Schwäbischen Kulturtage" schwerpunktmäßig in Kempten ab. Nach grundlegender Sanierung des Kornhauses stieg hier im selben Jahr der „Große Schwabentag", zudem wurde die Ausstellung „Die Revolution 1848/49 in Bayerisch-Schwaben" gezeigt. Wenige Monate später konnte, gleichfalls im Kornhaus, das lange Zeit geschlossene Heimatmuseum unter dem verpflichtenden Namen „Allgäu-Museum" wiedereröffnet werden, und im Jahr 2005 fand in der Allgäu-Metropole der Bayerische Städtetag statt.

Das Geschichtsbewusstsein der Bürger ist in den vergangenen Jahrzehnten immer stärker hervorgetreten. Auch ist das Interesse einer breiten Öffentlichkeit am Bemühen der Archäologischen Abteilung der Stadt gewachsen, neue geschichtliche Erkenntnisse zu gewinnen.

So fanden sich nahe der Ursulasrieder Kirche die Fundamente zweier Steingebäude aus dem zweiten nachchristlichen Jahrhundert; Relikte eines römischen Gutshofes?

Besonders interessante Ergebnisse zeitigten archäologische Untersuchungen der denkmalgeschützten Mühlberg-Häuser aus dem 13./14.Jahrhundert in der

Altstadt; hier gestaltete das Diakonische Werk Kempten dann das soziale Zentrum „Haus der Diakonie" mit Tagesstätte für psychisch kranke und behinderte Menschen. Rund 25.000 Einzelstücke, vom Schnabelschuh bis zum Liebesbrief, wurden aus den Fehlböden geborgen. Sie gestatten wichtige Rückschlüsse auf einstige Handwerksbetriebe, auf Kleidung und Alltag zu Dürers oder Luthers Zeit. Weitere Funde durch jüngste Ausgrabungen im sogenannten Schwanengelände zwischen Burg- und Bäckerstraße erstrecken sich von spätantiken Münzen bis zu Keramikschalen aus dem 13. Jahrhundert.

Es gibt Aussagen über die Stadt, die schon seit Jahrhunderten Gültigkeit bewahrt haben. Als Beispiel seien Eindrücke einer „Lust-Reise" von Memmingen nach Kempten aus dem Jahre 1746 zitiert, die Melchior Egloff Sayler niederschrieb. Das Original befindet sich im Stadtarchiv; Alfred Weitnauer hat die Reisebeschreibung 1936 in der Zeitungsbeilage „Heimgarten" veröffentlicht. Da heißt es unter anderem:

„Die Lage der Stadt Kempten ist eine von den vorteilhaftesten, gesundesten und angenehmsten. Sie liget in einer irregulairen Figure, der Länge nach an der Iller herum, auf einem etwas erhabenen Grunde, der sich aber gegen den Fluss wider erniedriget... Übrigens muss man dieses den Kemptern zum Ruhme nachsagen, dass sie verständige, arbeitsame, geschickte und sehr höfliche Leute sind. Es herrschet da kein so wildes Wesen, als man, der Sage nach, in anderen Schwäbischen Städten findet. Es ist auch ihre Aussprache etwas gelinder und bescheidener... Der nicht allzu starken Bewohnung der Stadt ist ohne Zweifel zuzuschreiben, dass die Lebens-Mittel und darunter auch einige Niedlichkeiten, in wohlfeilem Preise zu haben sind."

Möge es dabei bleiben.

Bücher zur Kemptener Geschichte

Geschichte der Stadt Kempten, hrsg. von V. Dotterweich, K. Filser, P. Fried, G. Gottlieb, W. Haberl und G. Weber, Kempten, 1989 (mit umfangreichen Literaturangaben)

Baumann, Franz Ludwig: Geschichte des Allgäus, Kempten, 1883/84

Blickle, Peter: Kempten, Historischer Atlas von Bayern, Schwaben Heft 6, München, 1968

Endrös, Hermann/Weitnauer, Alfred: Allgäuer Sagen, Kempten, 7. Aufl. 1990

Förderreuther, Max/Kellenberger, Martin: Kemptner Heimatbuch, Kempten, 1927

Haggenmüller, Johann Baptist: Geschichte der Stadt und gefürsteten Grafschaft Kempten, Kempten, 1840/47 (Faksimilenachdruck, Kempten, 1988)

Herrmann, Norbert: Kempten und das Oberallgäu, Kempten, 1984

JahrhundertBlicke auf Kempten 1900-2000, hrsg. von Franz-Rasso Böck, Ralf Lienert, Joachim Weigel, Kempten, 1999

Karrer, Philipp Jakob: Getreue und vollständige Geschichte und Beschreibung der Altstadt Kempten, Kempten, 1828

Lienert, Ralf: Sankt Mang Blicke, Geschichte der Gemeinde 1818-1972, Kempten 2002

Petz, Wolfgang: Reichsstädte zur Blütezeit 1350 - 1550, Kempten, 1989

Petz, Wolfgang: Zweimal Kempten - Geschichte einer Doppelstadt (1694-1836), München, 1998

Petzet, Michael: Stadt und Landkreis Kempten, Reihe Bayerische Kunstdenkmale V, München, 1959

Reihe Allgäuer Forschungen zur Archäologie und Geschichte, Friedberg, ab 2006, Bd. 1: „Mehr als 1000 Jahre…Das Stift Kempten zwischen Gründung und Auflassung", hrsg. von Birgit Kata, Volker Laube, Markus Naumann und Wolfgang Petz

Reihe Allgäuer Geschichtsfreund, Kempten, seit 1988

Reihe Allgäuer Heimatbücher, Kempten, seit 1926

Rottenkolber, Josef: Aus Kemptens vergangenen Tagen, Kempten, 1954

Rottenkolber, Josef: Geschichte der Stadt Kempten im 19. Jahrhundert, Kempten, 1935

Rottenkolber, Josef: Geschichte des hochfürstlichen Stiftes Kempten, München, o.J. (1933)

Weber, Gerhard (Hrsg.): Cambodunum - Kempten, Erste Hauptstadt der römischen Provinz Raetien?, Mainz, 2000

Weitnauer, Alfred: Allgäuer Chronik (3 Textbände, 1 Bild- und 1 Registerband), Kempten, 1969/84

v. Württemberg, Alexander Herzog: Stadt Kempten, Band VII.85 der Reihe Denkmäler in Bayern, München/Zürich, 1990

Bildnachweis

Holzschnitt-Ansicht aus der „Cosmographia" von Sebastian Münster: 51
Isny, Eugen Felle: 107
Kempten, Ev.-Lutherisches Pfarramt: 75
Kempten, Gerhard Weber: 19, 25
Kempten, Kulturamt der Stadt Kempten: 22, 149
Kempten, M. Rauch: 135
Kempten, Milchwirtschaftlicher Verein Allgäu: 145
Kempten, Österreicher Verein: 127
Kempten, Otto von Zabuesnig: 59
Kempten, Ralf Lienert: 2, 13, 16, 19, 28, 32, 35, 37, 42, 47, 56, 65, 67, 68, 87, 90, 92, 101, 103, 109, 116, 124, 161, 172, 176, 179, 183, 190, 194, 202, 205, 208, 212, 215, 219, 221, 222, 225
Kempten, Rosa Simmelbauer: 181
Kempten, Stadtarchiv Kempten: Vorsatz, 8, 11, 14, 95, 97, 137, 140, 143, 146, 150, 153, 155, 159, 168, 182
Kempten, Tobias Dannheimer: 45, 71, 139
Kempten, Viktor Knollmüller: 163
Kupferstich von Matthias Merian: 85
Landshut, Wolfgang Jäger: 129
Marktoberdorf, Andreas Sammet: 77
München, Bayerisches Hauptstaatsarchiv: 38
Washington, National Gallery of Art: 118
Wikipedia: 65, 66

Zeittafel

15 v. Chr. Römische Truppen erobern das Alpenvorland und treffen auf eine wohl keltische Vorgängerstadt Kambodounon – Cambodunum.

zw. ca. 10 und 54 n. Chr. Auf dem Lindenberg (Kempten-Ost) entsteht nach römischem Vorbild eine neue Stadt, die den alten keltischen Namen beibehält.

69 Diese Stadt brennt und wird in den Jahren **70–80** schöner und repräsentativer als zuvor wieder aufgebaut.

233 Bei einem Durchbruch der Alamannen durch den römischen Grenzwall werden auch Teile der Stadt Cambodunum zerstört.

Nach **260** Die Stadt Cambodunum auf dem Lindenberg wird von einer befestigten Siedlung am Fuß der Burghalde abgelöst und Stützpunkt der 3. italischen Legion.

Um 450 Die regulären römischen Truppen ziehen aus Kempten ab. Die Alamannen nehmen die Stadt in Besitz.

683 Als Stützpunkt einer gegen die Franken gerichteten alamannischen Aufstandsbewegung wird Kempten durch eine fränkische Strafexpedition zerstört.

743 Ein Missionstrupp aus St. Gallen nimmt seine Arbeit in Kempten auf.

752 Die von den St. Gallener Mönchen erbaute Klosterzelle Kempten ist die erste im Allgäu.

771 König Karl der Große heiratet aus Neigung und Diplomatie die 14-jährige Schwäbin Hildegard, die verwandtschaftliche Beziehungen zu Kempten hat. Sie wird zur großen Wohltäterin des jungen Klosters, das so zu den bestprivilegierten Klöstern des Frankenreiches gehört.

940 Zum dritten Mal innerhalb von 30 Jahren wird Kempten von den Ungarn verwüstet.

941 Ulrich, Bischof von Augsburg, im Nebenamt Abt des Klosters Kempten, beginnt mit dem Wiederaufbau von Stadt und Kloster. Dieses war ein Geschenk König Ottos I. an den Augsburger Oberhirten, den wir als hl. Ulrich kennen.

1179 Herzog Welf VI. schenkt dem Kloster Kempten seinen Besitz in Oberammergau.

1213 König Friedrich II. belehnt den Abt von Kempten mit der „Grafschaft Kempten". Die Kempter Äbte werden Reichsfürsten.

1289 Durch ein Privileg König Rudolfs von Habsburg wird die Altstadt Kemptens aus dem Hoheitsbereich des Abts gelöst und als „Freie Reichsstadt" dem König unmittelbar unterstellt.

1358 Die Bürger der Reichsstadt richten eine eigene, vom Kloster unabhängige Schule ein.

1363 Kempter Bürger stürmen die dem Fürstabt gehörende Burghalde und zerstören sie. Den Fürstabt nehmen sie gefangen.

1437 Kempter Bürger stiften eine Kirchenbibliothek für die bessere Fortbildung des Stadtpredigers, die heute noch wertvollste Bestände aufbewahrt.

1477 Die ersten beiden Papiermühlen im Gebiet der Stadt Kempten entstehen an der Iller.

1488 Die Reichsstadt Kempten, deren Truppenkontingent sich bei der Befreiung des in Brügge gefangenen jungen Königs Maximilian besonders ausgezeichnet hatte, erhält von Kaiser Friedrich III. das Recht, fortan den Reichsadler mit der Kaiserkrone in ihrem Stadtwappen zu führen. Dazu erhält die Stadt die hohe und niedere Gerichtsbarkeit.

1494 Ein Legat des Papstes umgürtct Maximilian in der St. Mang-Kirche mit einem vom Papst in der Christnacht geweihten Schwert. Das bedeutet, dass der Papst Maximilian als „Römischen König" anerkennt.

1510 Die Stadt Kempten, die seit rund 100 Jahren ihr eigenes Kleingeld herstellt, darf fortan auch Goldgulden und Silbertaler prägen.

1525 Im Zuge des großen Allgäuer Bauernaufstands plündern die stiftkemptischen Bauern Kloster und Marien-Münster. Durch den sogenannten „Großen Kauf" löst die Stadt Kempten alle Rechte ab, die der Fürstabt innerhalb der Stadt noch hatte. Infolge dieses Kaufes ist es dem Rat möglich, 1527 die Reformation in der Stadt einzuführen.

1529 Unter den protestierenden Ständen auf dem Reichstag in Speyer ist auch die Reichsstadt Kempten vertreten.

1536 Die Reichsstadt Kempten tritt dem „Schmalkaldischen Bund" bei und stellt sich damit auf die Seite der evangelischen Fürsten und Städte gegen den Kaiser.

1543 Kaiser Karl V. erscheint mit einem Gefolge von 900 Personen, meist Soldaten, in der Stadt Kempten, um seine Macht zu demonstrieren und die Stadt einzuschüchtern.

1593 Fürstabt Erhard Blarer von Wartensee richtet im Kloster Kempten unter der Bezeichnung „Typographia Ducalis" eine Buchdruckerei ein.

1608 In der Reichsstadt Kempten errichtet Christoph Kraus aus Amberg die erste Buchdruckerei.

1609 In dem sich verschärfenden Konflikt zwischen Katholiken und Protestanten tritt die Reichsstadt Kempten der protestantischen „Union", das Stift der katholischen „Liga" bei.

1631 Angestiftet durch den Fürstabt, besetzen kaiserliche Truppen die Reichsstadt und erpressen eine ungeheure Kontribution.

1632 Die Reichsstadt revanchiert sich für den Überfall des Vorjahres. Nunmehr besetzen schwedische Truppen das Stift Kempten. Kloster und Kirche werden abgebrochen und eingeebnet.

1633 Auf Drängen des Fürstabts rücken kaiserliche Truppen vor die Reichsstadt und erobern diese nach dreimaligem Sturm. Ein Teil der Stadt brennt nieder. Ein Drittel der Bewohner wird unter furchtbaren Gräueln getötet.

1634 Kempten wird von den Schweden zurückerobert. Kurz darauf vertreiben kaiserliche Truppen die Schweden wieder aus Kempten.

1646 Kempten wird von den Schweden und Franzosen besetzt.

1648 Die Generalamnestie des „Westfälischen Friedensschlusses" verhindert die vom Fürstabt betriebene Einverleibung der Reichsstadt in sein Territorium. Die Reichsstadt Kempten, die 1618 ca. 6.000 Einwohner zählte, hat in diesem Jahr kaum noch 1.000 Einwohner.

1651 Fürstabt Roman Giel von Gielsberg beginnt mit dem Neubau seiner Residenz.

1652 Der Fürstabt legt den Grundstein zur heutigen Lorenzkirche.

1705 Während des „Spanischen Erbfolgekrieges" wird die Burghalde auf Befehl Prinz Eugens des „edlen Ritters" geschleift; sie ist seitdem Ruine.

1712/28 Die Stiftssiedlung Kempten erhält Stadtrecht.

1775 Im Stift Kempten wird „wegen erwiesener Teufelsbuhlschaft" Anna Schwegelin als Hexe der Prozess gemacht, das Urteil aber nicht vollstreckt.

1784 Die Tageszeitung „Neueste Weltbegebenheiten" aus dem Verlag Tobias Dannheimer muss nach 52 Nummern ihr Erscheinen einstellen.

1796 Kempten wird von Einheiten der französischen Revolutionsarmee besetzt.

1797 Um die Einquartierung rascher abwickeln zu können, erhalten die Häuser in der Stadt erstmals Hausnummern.

1799 Russen, Tataren, Ural- und Donkosaken werden auf dem Rückmarsch nach Russland in Kempten einquartiert.

1800 In und um Kempten lagern französische Truppen.

1802 Bayerische Truppen besetzen Kempten. Die Stadt wird vorübergehend Sitz eines bayerischen Regierungsbezirkes.

1803 Stadt und Stift Kempten fallen durch Reichsdeputationshauptschluss unter Verlust ihrer bisherigen Eigenstaatlichkeit endgültig an Bayern.

1818 Reichsstadt und Stiftsstadt, seit 1811 zu einer Verwaltungsgemeinde zusammengelegt, werden endgültig zu einer Stadt vereinigt. Kempten erhält 1819 sein heutiges Stadtwappen.

1852 Am 1. April um 12.15 Uhr trifft im Kempter Bahnhof der erste Eisenbahnzug ein.

1857 Kempten erhält als eine der ersten Städte Bayerns Gasbeleuchtung.

1863 Erstmals werden in einigen Straßen Kemptens neben der Fahrbahn Gehsteige angelegt.

1892 Das erste private Telefon wird in Kempten installiert.

1898 Der erste Dieselmotor der Welt läuft in der Zündholzfabrik Kempten.

1901 Ein städtisches Elektrizitätswerk wird in Betrieb genommen. Neben der Gasbeleuchtung brennen fortan nachts zehn elektrische Bogenlampen.

1902 Das erste Automobil wird polizeilich zugelassen.

1905 In der Bierhalle des Gasthauses zur „Rose am Rank" wird das erste „Kinematographentheater" eingerichtet.

1919 Der Ausbau des Ostbahnhofgebietes als Kempter Industriegelände wird durch die Stadt in Angriff genommen.

1935 Kempten wird zum „Stadtkreis" erhoben.

1942 Deportation von 22 Juden.

1943 Errichtung der KZ-Außenlager Kempten und Kottern-Weidach.

1944 Am 19. Juli fallen die ersten Bomben auf Kempten.

1945 Am 27. April besetzen amerikanische Truppen, von Norden einmarschierend, die Stadt.

nach 1945 bringt der Zuzug von 10.000 Heimatvertriebenen der Stadt einen sprunghaften Bevölkerungsanstieg.

1949 wird die Allgäuer Festwoche ins Leben gerufen, die alljährlich im August stattfindet und rund 180.000 Besucher zählt.

ab **1950** nimmt die Stadt einen starken Aufschwung, was in den folgenden Jahrzehnten zur intensivsten Bautätigkeit ihrer 2000-jährigen Geschichte führte.

1958 beginnen die ersten Sanierungsmaßnahmen.

1961 Erbauung des neuen Stadtkrankenhauses, des größten Bauwerks in Kempten seit Errichtung der Fürstäbtlichen Residenz.

1963 wird die Kempter Altstadtsanierung in das Studien- und Modellvorhaben des Bundes für die Stadt- und die Dorferneuerung einbezogen.

1969 wird der neue Durchgangsbahnhof in Betrieb genommen.

1970 Die Fischerstraße wird zur ersten ausgebauten Fußgängerzone in Schwaben.

1972 Durch die Gebietsreform werden der Stadt die Gemeinden Sankt Mang und Sankt Lorenz eingegliedert. Das bedeutet einen Zuwachs von 12.000 Einwohnern. Das Areal der Stadt vergrößert sich von 24 auf 63 km^2.

1975 wird die Müllverbrennungsanlage in Kempten-Ursulasried in Betrieb genommen.

1976 Kempten wird Sitz einer Polizeidirektion. Die Stadt wird an das Erdgasnetz angeschlossen. Zwei Autobahnumgehungen Kemptens werden für den Verkehr freigegeben.

1977 Der Bayerische Landtag beschließt die Errichtung der Fachhochschule Kempten. Kempten wird Standort einer Rettungsleitstelle für die Region Allgäu.

1978 Studienbeginn an der Fachhochschule Kempten.

1980 Kempten wird Standort des Rettungshubschraubers „Christoph 17".

1981 Der erste Bauabschnitt des Beruflichen Schulzentrums, ein 68-Millionen-Projekt, wird bezogen.

1982 Auf dem Cambodunum-Gelände beginnen neue archäologische Grabungen. Im Sanierungsgebiet „Unter der Burghalde" erfolgt der erste Spatenstich für die Neubebauung.

1983 Die Polizeiwache im Rathaus wird aufgelöst. Der wiederhergestellte Festsaal im Ponickau-Haus wird der Öffentlichkeit vorgestellt.

1984 Die Bahnlinie Kempten–Isny wird aus technischen Gründen stillgelegt.

1985 Im Matthias-Claudius-Haus entsteht eine Psychiatrische Fachklinik des Bezirks.

1986 Mit den Sendungen der Kabelgesellschaft Allgäu beginnt das private Radiozeitalter.

1987 Der erste Abschnitt des Archäologischen Parks auf dem Lindenberg wird eröffnet.

1989 Der 12ha große Engelhalde-Park wird seiner Bestimmung übergeben.

1990 Das Alpinmuseum im Marstall wird eröffnet.

1991 In Kempten kann das erste Bildtelefongespräch im Allgäu geführt werden. Die „Alpenländische Galerie" als Zweigmuseum des Bayerischen Nationalmuseums wird eröffnet.

1992 Die neue Kompostieranlage des Zweckverbandes für Abfallwirtschaft wird in Betrieb genommen.

1995 Die Zentrale Umsteigestelle (ZUM) auf dem Albert-Wehr-Platz wird in Betrieb genommen.

1996 Das neue Müllheizkraftwerk (MHKW) an der Dieselstraße wird in Betrieb genommen. Mit einem Tag der offenen Tür feiert das Projekt „Villa Viva" seine Einweihung.

1998 Im Gewerbegebiet Leubas wird das moderne Allgäuer Medienzentrum eröffnet.

1999 Ein Jahrhundert-Hochwasser sucht am 22. Mai das Oberallgäu und insbesondere auch die Stadt Kempten heim.

2003 In diesem Jahr werden drei Großprojekte eröffnet: das Freizeit- und Erlebnisbad CamboMare, das Einkaufszentrum Forum Allgäu und die multifunktionale Veranstaltungshalle bigBOX Allgäu. An der Reinhartser Straße wird die neue Justizvollzugsanstalt, eine der modernsten in Deutschland, eingeweiht.

2004 Zwei neue Gewerbegebiete mit insgesamt 16 ha werden erschlossen: Stiftsbleiche und Bühl-Ost. In letzterem wird für 21 Mio. Euro ein Neubau für die Milchwirtschaftliche Untersuchungs- und Versuchsanstalt (muva) errichtet.

2005 Rechtzeitig fertiggestellt wurde die Hochwasserverbauung an der Iller, eine 680 m lange Mauer vom Feuerwehrhof bis zur Nordspange. Dadurch kam die Stadt bei dem Hochwasser im August glimpflich davon.

2006 Mit einem bunten Fest wird der neue Stadtplatz in Kottern eingeweiht.

2007 Am Medizinischen Versorgungszentrum Kempten (MVZ) gegenüber der Klinik Robert-Weixler-Straße wird das größte Diabetes- und Apheresezentrum Deutschlands eingeweiht. Die neue hochwassersichere Rosenau-Brücke wird ihrer Bestimmung übergeben. Mit einem Festakt wird das renovierte Stadttheater Kempten feierlich eröffnet. Die umgebaute und sanierte St. Mang-Kirche wird mit einem Festgottesdienst und einer Kirchennacht mit buntem Programm feierlich eingeweiht.

2008 Im Rahmen der Polizeireform werden die Polizeidirektionen Kempten und Krumbach zum Polizeipräsidium Schwaben-Süd/West mit Sitz in Kempten[Allgäu] zusammengelegt.

2010 Mit dem Teilstück zwischen dem neuen Wasserkraftwerk des Allgäuer Überlandwerkes (AÜW) und der Oberen Illerbrücke ist die letzte Lücke im Illerradweg geschlossen, der nun durch das ganze Stadtgebiet führt. Die Einweihung des neu gestalteten St. Mang-Platzes und die Eröffnung des Schauraumes der Erasmuskapelle ziehen mit einem zweitägigen Programm tausende Besucher an. „Mühlbachquartier" ist der neue Name für das Viertel rund um die Gerberstraße und In der Brandstatt in der nördlichen Innenstadt Kemptens. Im Zeitraum von Mai bis November 2010 wurden in der Gerberstraße Umbaumaßnahmen durchgeführt.

2011 Mit einem Festakt im Stil des alten Roms und zwei Tagen der offenen Tür wird das neue Jugend- und Familiengästehaus (Jufa) an der Stadtbadstraße eröffnet.

2012 Patienten und Personal ziehen vom ehemaligen Kreiskrankenhaus an der Memminger Straße ins Klinikum an der Robert-Weixler-Straße um und stellen damit die lang ersehnte Einhäusigkeit der Kemptener Krankenhäuser her. Der Bezirk Schwaben beginnt den Bau eines neuen Bezirkskrankenhauses beim Klinikum.

2013 Eröffnung bigBOX-Hotel an der Kotterner Straße. Mit dem ersten zertifizierten Passiv-Bürohaus in Kempten schließt die „Sozialbau" die letzte Lücke inmitten der Reichsstadt Kempten im Quartier Schwanengelände. Zehn Jahre nach dem Umzug des Haus International in die Poststraße und Abbruchplänen für das ehemalige Bankhaus wird das sanierte Künstlerhaus an der Beethovenstraße als Zentrum für Sozio-, Kunst- und Unternehmenskultur eröffnet.

2014 Der neu gestaltete Bereich Hildegardplatz/Stiftsplatz und Kirchberg wird mit einem Bürgerfest eingeweiht.

2015 Eröffnung des neuen Bezirkskrankenhauses neben dem Klinikum Kempten. Das lang umstrittene Möbelhaus XXXLutz eröffnet endlich am Haslacher Berg seine Pforten.